Idea man

Ideaman

Idea man

Idea man

超越本能

生物學家教你擺脫本能限制，
打造符合現代社會需要的身心機制，
提高效率，精準決策

INSTINCT

Rewire Your Brain with Science-Backed Solutions
to Increase Productivity and Achieve Success

Rebecca Heiss

蕾貝卡·海斯——著 連婉婷——譯

前言｜PREFACE

了解並駕馭直覺本能

我們的大腦並非建立於目前生活的世界，而是誕生於一個資源稀缺且充滿危險的環境；二十多萬年以來，人類持續發展本能行為，來幫助我們度過極為困難的日常生存環境；然而時至今日，以往讓我們得以保住性命的本能，如今正在阻礙我們享受充實的生活。

過去兩百年以來，經歷了工業革命，還有隨之而來在科技、醫療和人口數量的加速發展，我們的世界發生了極大的變化。不幸的是，生物學的演化速度卻相對緩慢，因此，我們的直覺仍然停留在石器時代（Stone Age），讓我們在全新的現代環境中，下意識渴望不需要的事物，甚至做出不利於己的行為。

舉例來說，我們出於本能地害怕「他人」，因而職場上容易出現偏見和不平等的對待，迫使我們與同事惡性競爭，而非互相合作；為了擊敗假想對手，這種原始的指令甚至會逼得我們說謊，在家庭和工作關係上造成不必要的對立。然而，只要我們從現在起開始改變，便有機會創造截然不同的發展。

本書旨在幫助你：

（一）加強對直覺本能的認知，了解它為何不適用於目前的環境；

（二）分辨我們的本能試圖達成的結果；

（三）運用本書中提供的本能干預方法來協助整合你的行動、信念和經驗，以達到期望的正面結果。

我們的直覺本能不見得有害，也不一定有益，它們無法用任何道德規範來定義，這些本能的好壞與否，取決於在特定情況下所產生的結果是正面還是負面。

經過幾百萬年的進化，傑出的大腦在我們還未意識到發生什麼事前，就可以立即辨別危險，並且同時做出保護自己的反應。**恐懼**是我們生存的根本之道，讓我們的祖先不被掠食者和競爭對手傷害，同時驅使我們的本能去狩獵、聚集和尋找合適的伴侶；恐懼讓你在還沒察覺到溫度升高前，就能將手從火爐上移開，甚至在注意到巷弄裡的陌生人之前，讓你感到背後有股寒意，莫名地想加快腳步。

但問題在於，我們的大腦依舊按照古老的規則在思考，而這些顯然不適用於現代環境。受到祖先流傳下來的基因影響，我們的思維仍然倚賴過時的本能反應，最終導致我們承受許多的痛苦、磨難和不快樂。

你或許無法相信，原來你的大腦仍以為自己活在石器時代，你的懷疑其實也存於每個人的心中，因為我們其中一項核心本能就是自欺欺人（第四章的重點）。

不過，我們先探討一下這項調查：美國人最害怕的三件事情是：公開演講、懼高以及昆蟲與蛇類等動物。一想到要對著一群聽眾講話、從高處往下俯瞰，或是看到一隻在草叢中滑行的生物，我們的壓力值就會瞬間衝破天際；如果你是山頂洞人，這些想法都是合理的，因為被自己的部落排擠、走在陡峭的懸崖或是被有毒生物叮咬，都可能讓你喪命。但是到目前為止，沒有人因為發表ＴＥＤ演講（TED Talk）而死亡；當你走過雜貨店停車場，踩到毒蛇的機率近乎於零。

實際上，美國人的頭號殺手是心臟病，每四人之中就有一人因為心臟病而死，那麼我們精明的大腦不該對冰淇淋感到恐懼嗎？看到大麥克漢堡時，我們的心跳不應該加速嗎？面臨人類可能滅亡的恐懼，我們不該開始鍛鍊身體嗎？

令人難過的是，現實恰恰相反，我們的大腦反而會渴求危害健康的食物，古老的思維使我們討厭耗費體力去運動，為什麼？因為保留體力和消耗脂肪與糖分是我們生存的關鍵，尤其是在資源短缺的時期。為了對抗適應不良的行為，我們首先需要理解這些行為是基於潛意識本能，而非有意識的選擇。

為什麼我們要訴諸本能？因為大腦接收到的大量訊息，大多會直接傳遞給處理速度更快的潛意識。由於生活在一個擁有八十億人口、全球聯繫密切的先進社會，我們的大腦要負責處理平均每秒超過四千億位元訊息的任務，這項看似不可能的任務，主要透過頭腦中平均八百億個獨立的神經元與其他大腦細胞建立成千上萬的連結網絡，在你四磅重的大腦中，神經元數量就像銀河星系中的星星一樣多。但是，我們理智的頭腦只會緩慢且有意識地運轉，我們僅能有意識地認知（且能夠有意識地處理）一部分有限的數據，為了處理大量的訊息，我們的大腦在大部分情況下會交由潛意識去處理。

克萊蒙特研究大學（Claremont Graduate University）的心理學與管理學傑出教授

米哈里·契克森米哈伊（Mihaly Csikszentmihalyi）與著名的工程師兼發明家羅伯特·拉奇（Robert Lucky）都曾估算出，有意識的頭腦能夠以每秒一百二十個位元的速度處理數據；更準確地說，當我們專注於一個人講話時，每秒要處理大約六十個位元的訊息，因此，當我們同時聆聽兩個人講話時，大腦便會達到最大的處理速度。以此來推算，神經科學家說我們百分之九十五到九十九的生活都是在潛意識的狀態之下，似乎顯得滿有道理，這代表著高達百分之九十九的時間，你不會意識到自己的情緒、行為和決定，甚至不曉得自己背後的動機！

這個事實的確令人感到震驚且不安。假使要讓大腦超越直覺，我們不會比石器時代的祖先更加優秀，儘管我們擁有足夠的腦力去達成這件事。

我們預先設計好的本能，造就了潛意識的存在，因為面臨危險的時候，嚴謹的思考不僅沒有用處，而且還可能會致命。

試想一下，要對付獅子的攻擊，我們能用些什麼方法？我們的大腦會開發直截了當的選項（例如「戰鬥—逃跑—靜止」反應）來處理這種情況。然而，當我們身處現代社會，需要嚴謹地處理對企業生存至關重要的資訊時，大腦會如何反應？面對人際關係又該如何？

面對截然不同的全新挑戰，我們的直覺依然驅使自己在沒有認真思考和嚴謹判斷的情況下做出回應，因而使生產力和成功機會流失。

值得高興的是，我們並非無能為力，由於**大腦具有高度可塑性，因此，我們能夠訓練潛意識做出較佳反應**；地球上沒有其他動物具有人類演化而來的大面積額葉，此項優勢使我們擁有掌控行為的獨特能力。在我的工作中，無論是擔任執行長還是作為生物學家，我都有幸幫助許多客戶和聽眾在生活上尋求更加勇敢、富有成效和自我指導的策略。希望本書能成為一本訓練指南，幫助你擺脫過時無用且根深蒂固的習慣，甚至從生物學的角度增進能力。

接下來的七個章節，我將提供建議和看法，協助你介入過時且無用的直覺本能。

在第一章中，我們將探討最原始的本能——「生存」，研究大腦直覺如何讓我們陷入恐懼，而不是放鬆；但是透過一些明確的干預措施，你將學習到如何藉由放慢步調來跟上節奏緊湊的世界。

第二章〈性別〉，我們將探討性別角色在生物學上的差異，我也會揭露大多數職場性騷擾手冊欠缺的一項特定政策，能夠替你的公司省下數百萬美元。

第三章〈多樣性〉聚焦在為何慾望越少卻可以擁有更多，在選擇似乎無窮無盡的世界中，我們渴求多樣性的本能造成了心靈上的不安定和不滿足，我會傳授一些干預手法，擴充你的大腦視野，但不會影響你的目的。

第四章著重在「自欺欺人」，這個本能曾經是我們祖先的救命稻草，如今卻造成私人和職業上的巨大代價，在這一章，我將提供簡單的技巧，幫助你認識我們對自己捏造的有害謊言，並且更警覺地去看待世界，同時你將發現，對這項本能的認知或抗拒，將會對成敗造成何等的影響。

第五章〈歸屬感〉揭示了我們最強大的原始指令之一，你將了解，到在鼓勵我們相互競爭的環境中，互助合作其實能為所有人帶來更多的好處，無論是集體或個人。

第六章探討了我們「對他人的恐懼」如何輕易影響會產生不良後果的決策，我將為你提供一些簡單的步驟，主動找出不安感的來源，並訓練你的大腦保持在清醒且放鬆的狀態之下，做出最有創意和最準確的決定。

最後，第七章〈資訊彙整〉將檢視為什麼我們每天如此忙碌，卻仍然感到空虛；

儘管我們蒐集事實的本能可以過濾比以往更多的數據和訊息，我們依然會漏掉關鍵資訊，甚至於無法察覺出客戶、朋友和家人的需求。

我們要感謝祖先流傳下來的大腦，幫助人類造就無與倫比的文明和成就，但是身為進化後的人類，現在已經到了我們為自己負責的時候；值得慶幸的是，我們都有能力重新建構對新世界的直覺本能。

本書將為你提供辨別、干預和改善自身直覺的知識與技巧，介紹符合生物學的簡易修正方法。閱讀完此書後，你將開始在工作、家庭和所有關係中做出更好的決策，擁抱一個更加自覺的生活。

目錄 CONTENT

1 CHAPTER

生存

欲速則不達

我的身體凍僵了，如同字面上的意思，渾身浸泡在哈德遜河（Hudson River）[1]的冰冷河水之中，我知道自己麻煩大了，想辦法對著雙手吹氣，呼吸是我體內唯一剩下的溫暖來源。但是這件事很快就被我淡忘。事後殘存的記憶並不多，只是每當我的體溫過低時，皮膚總會充斥著麻木、刺痛和冰冷的感覺。

那天是冒險的開始，一年一度的父女之旅。爸爸和我一起沿著哈德遜河泛舟，頭頂的樹梢上掛著許多冰柱，象徵冬季末的雪花零星地覆蓋在樹枝上。我一直想要體驗看看激流泛舟，所以爸爸為我安排了最佳時機——春季來臨的第一天，通常溪水非常湍急，他知道我喜歡高速帶來的快感。可是四月一日這一天，天氣卻異常寒冷，不像以往的紐約。

我們穿好潛水裝備來到這裡，一開始我沒有受到氣溫驟降的影響，對這趟旅程抱持樂觀的態度，但經過一個小時後，我發現自己有體溫過低的徵兆，因為我的四肢逐漸失去知覺，身體越來越沉重，周圍的世界開始以慢速移動，我的身體移動更是緩慢。

我回頭看到爸爸面帶微笑，在木筏的後方持續划動著船槳，接著轉頭向前看，確定我們還有一小時才能靠岸，尋找溫暖且安全的地方。我的腦海中一直盤旋著不安的念頭，即使告訴了我爸爸，按照以往的經驗，他也幫不了什麼忙。在那一刻，我的生存本能掌控了身體，一股暖流從下腹部往腳底擴散開來。

我的身體停止關注社交方面的細節，它只想活下去，並且會盡一切努力來確保生存，包括讓我的血管收縮以維持重要內臟器官的運作，督促腎臟跟上迅速升高的血壓，十六歲的我忍不住直接小便在身上。老實說，我已經凍到無法關心其他事情，生存本能已經完全掌控了我的身體反應。

人類一向善於建立規範來塑造良好的公民行為。然而當我們的生存本能被激發出來，那些行為規範便會被拋諸腦後，例如，當我們處於脅迫之下，在自己身上小便突然變成一個可行的選擇。

我們的生存本能會不斷地壯大，直到掩蓋過我們頭腦中「應該」或「不應該」的聲音，無論是否有意識到，身體會直接採取行動來保護自己。真是謝天謝地，我最後得以存活下來。回到岸上後，爸爸趕快帶我到熊熊燃燒的火堆前取暖，讓我的身體不再受到威脅。

在這種情況下，我的生存本能會透過保存熱量來發揮作用，但在其他情境之下，這種本能可以減輕你對吃掉寵物狗的噁心反應，如同徒步旅行者馬可．拉瓦（Marco Lavoie）[2]的悲傷經歷，那一年是西元二〇一三年，他被困在加拿大荒野中長達數月沒有任何補給品的情況下，不得已吃掉了自己心愛的德國牧羊犬。強大的生存本能甚至可以減輕想阻止你截肢的疼痛感受，就像電影《一百二十七個小時》的主角艾倫．羅斯頓（Aron Ralston）[3]的遭遇。如果你曾經愚蠢地大量飲酒，你要感謝自己的身體本能，使你進入無意識狀態，或是藉由嘔吐將毒素排出，制止你做出其他行為。

從本書中，你會學到「生存」是其他本能的根本，它非常強大，已經深植在我們的潛意識中，尤其當你有意傷害自己的時候，最能感受到它的存在。（但是千萬不要這樣做！我不是要提倡這種行為，只是在說明這個概念。）

我最喜歡的都市傳說之一，就是假設我們的大腦沒有出面阻止，我們會像啃胡蘿蔔那樣咬自己的手指，儘管事實並非如此，但是這個傳說確實讓我們明白，我們的直覺本能是如何努力保護自己免受愚蠢的想法傷害。

另一個更能證實生存本能的例子是，當你不小心將手放在熱騰騰的火爐上時，大腦會迅速且靈活地指示你把手移開，但最酷的部分是，遠離危險的動作發生在大腦對事情的理解之前，痛覺在你還沒意識到痛之前就被喚醒了，換句話說，你都還沒完全理解原因，直覺就已搶先驅動行為。

生活在石器時代的祖先感覺到壓力時，生存本能會用盡辦法去拯救自己，因為當時的壓力來源通常是生死攸關的威脅，例如一隻老虎正要迎面撲來，或者即將面臨餓死的危機。可是問題在於，我們以生存為優先考量的大腦處於過度擴張的狀態，在現代的環境之下，那隻老虎化身成為了向你催討財務報告的會計師約瑟夫，或者變成整整兩分鐘以前發信給你的執行長凱西，此刻她正等著你回信。

以往在原始荒野環境可以拯救你的生存本能，將日常壓力來源當成了全面性威脅生命的事件，我們的大腦還無法分辨清楚，今日我們感到的恐懼和痛苦，不再表示立即性的危險。

如果我們持續檢視壓力引起的反應，可以更深入地探討這種認知上的落差，然而很顯然地，我們每天遇到的大多數壓力都不會威脅到生命，那麼為何我們的身體會做出這樣的反應？為什麼我們的大腦無法區分真實與幻想的威脅？答案是我們的生存本能掌控了這場表演，企圖貢獻更多的價值。

我們依然需要這種直覺（讓你及時避開迎面駛來的車輛），但是我們需要學習控制好它。否則，這種本能會給我們的健康和人際關係帶來持續的傷害，甚至害我們錯過人生中最美好的時刻。

街頭藝人

西元二〇一七年一月的某一天，早上七點五十一分，在華盛頓特區（Washington, D.C.）一個繁忙的地鐵站，一位穿著牛仔褲、頭戴棒球帽的男子將東西擺好位置，開始拉起小提琴，他將小提琴的箱子放在腳邊，希望數百名經過的通勤者之中有人願意給他小費。

經過了四十三分鐘，精心創作的音樂從他的小提琴中傾瀉而出，苦悶與美麗交織的巴哈（Bach）、馬斯奈（Massenet）[4]、舒伯特（Schubert）[5]和龐賽（Ponce）[6]，曾經讓全世界的音樂會忠實聽眾肅然起敬，在這裡卻沒有任何人注意到，行色匆匆的人們似乎都不知道他們對國際知名的演奏家約夏・貝爾（Joshua Bell）[7]充耳不聞，而且他手上拿的是有史以來最名貴的小提琴之一，西元一七一三年製造的史特拉第瓦利琴（Stradivarius）[8]。

以音樂神童之姿出身，貝爾在交響樂廳的售票總是銷售一空，樂迷即使只能站著也要聽他的演奏，他的身價每分鐘高達一千塊美元。但是現在他站在地鐵月臺上，打扮得像個乞丐，演奏出來的音樂卻無人注意，人們行色匆匆、動作忙碌、怕遲到而趕著去某個地方，或許很諷刺地，他們正希望早點下車，衝去買超級搶手的貝爾音樂會門票。

貝爾最終在小費箱子裡面只收到匆匆投下的幾塊美元，在路過的一千零七十個人之中，只有七個人停下來聽他的演奏超過一分鐘，而且幾乎都是小孩子，大多數的通勤者甚至不會從他們既定的行進中抬頭看一眼。

這對於我們的社會代表著什麼意義？領先報導這個故事的《華盛頓郵報》（*Washington Post*）記者吉尼・威格頓（Gene Weingarten）完美地總結出一點：「如果我們不能從生活中抽出寶貴的時間來停留一會兒，聆聽世界上最傑出的音樂家演奏最棒的音樂創作。如果現代生活的重擔使我們無法負荷，以至於我們對如此美好的事物視而不見、充耳不聞，我們是否已經錯失太多了？」

你是否因為忙碌而沒空停下來留意自己錯過了什麼？日常生活的壓力排擠了哪些樂趣？為什麼我們忽視了現代多元環境中的美麗風景？

我認為這些現象都要歸咎於我們的直覺本能。最諷刺的是，即使是負擔得起每分鐘一千塊美元的音樂花費，有私人專機作為交通工具，而且吃得到任何食物（而不是感激有食物可以吃）的那些人，他們的大腦仍然陷於生存的掙扎之中。

現代世界中，日常生活逼著我們每天馬不停蹄地忙碌，即使深居簡出的人也一樣。我們傾向於將時間視為珍貴稀有的資源，好像每天都沒有足夠的時間來完成所有事項，為什麼會這樣？從洗衣機的發明到美食外送的崛起，過去兩百年來，科技進步為我們創造出更多空閒時間，然而我們卻老是深陷在時間不夠的錯覺。

請回想自己的日常生活，也許今天早上，你因為聽到刺耳的鬧鐘鈴響而醒過來，喝了一杯熱騰騰的咖啡，然後在擁擠的火車月臺上跟陌生人擠成一團，或者在車陣中耗費了一個早晨。你在早上九點過後趕到辦公室，開始視訊會議，希望沒人注意到你遲到了幾分鐘。接下來，你花了一整天的時間跟陌生人溝通，盡你所能理解對方的需求（通常伴隨著不好的臉色或語氣）。下午六點離開公司後，你仍然對所有還未處理的事項和尚待完成的報告感到焦慮，來到托兒所接小孩，感謝陌生人整天照顧你最寶貴的家人。然後，婆家的人突然打電話說他們現在要來家裡拜訪，你開始思索晚餐要準備什麼。當所有人都睡著後，你躺在床上，漫無目的地滑手機，瀏覽社群媒體，以確保不會錯過重要的新資訊。等到你終於準備睡覺時，時間已接近午夜，接下來的六個小時內，你在床上輾轉反側，還不停地被手機通知聲吵醒，直到刺耳的鬧鈴聲開啟日復一日的循環。

寫下這段每日行程的過程本身就給我帶來一些壓力反應，我還只是用筆寫下來而已。

壓力曾經是拯救生命的激勵因子，能夠觸發我們的「戰鬥—逃跑—靜止」反應，選擇和敵人對抗、逃跑去安全處所，或是蹲下來保持低調。但是，我們的大腦非常不擅長區分真實威脅和假想威脅之間的差異。

舉例來說，真正的威脅像是一隻飢餓的老虎在夜晚跳進你的房間，只不過在現代環境中不太可能發生，可是依舊不能阻止大腦為了保護我們免受威脅，在不適當的情況下，觸發「戰鬥—逃跑—靜止」反應。例如，當我們與陌生人待在一起、被困在特別討厭的車陣、或是聽到重要電子郵件通知聲的時候。表面上，我們的生活比祖先更加安全和輕鬆，但是以生存為目標的大腦卻表現得像我們在午餐時間遇到了一百隻老虎那樣！我們大腦所看到的景象與現實有著極大的不同。

結果我們的大腦一直鎖定在生存模式，阻礙我們體驗或享受愉快的時刻，好比說地鐵站中的小提琴聲或麵包店飄出剛出爐的麵包香味。大腦認為，生存比快樂更重要，所以我們必須先排除周遭的危險，沒有多餘時間可以進行奢侈的活動。但是，錯過一生中最寶貴的時刻並不是過時的大腦所造成的唯一缺點，我們的健康和工作表現也受到嚴重的打擊。

聚焦壓力對健康和績效的影響

壓力被稱為「二十一世紀的流行病」，造成這種現象的原因為何？首先要探討當你的身體進入「戰鬥—逃跑—靜止」反應，並且引發一連串荷爾蒙作用的時候，到底發生了什麼事？一開始腎上腺素會激增，讓你的雙手顫抖冒汗、心跳加速，產生更強大的力量。腎上腺素是一種強大但短暫的神經傳遞物質，因為自然中的真實戰鬥並不會持續很久，即便是逃跑或被老虎吃掉都一樣。一旦發現威脅，腎上腺素在剛開始幾秒鐘內的關鍵時刻非常有用，沒多久，皮質醇（主要的壓力荷爾蒙）會迅速分泌出來，協助「戰鬥—逃跑—靜止」的反應，並且修復你在遭遇威脅期間所受的傷害。

皮質醇最重要的功能是分解蛋白質，使你可以快速吸收到葡萄糖。在充滿壓力的情況下，葡萄糖可以為主要肌肉即時提供能量，以幫助你抵抗或逃離威脅，也能應付創傷、疾病和感染，可謂是「人體的燃料」。

皮質醇同時能有效地抑制免疫系統、生殖系統和消化系統，因為在壓力狀態之下，這些全都不重要。你能想像在戰鬥的過程中，突然產生性需求或感到飢餓嗎？這些干擾會完全被消除，要歸功於腎上腺系統將皮質醇和大腦中控制行為的受體結合。

彷彿精心設計的舞蹈一般，所有錯綜複雜的元素都能奇蹟似地相互合作，使你免受任何傷害，即便你絲毫沒有察覺到任何警訊。但是，或許近代以來所發現最大的生物缺陷是：**我們的壓力反應無法適應現代的壓力來源，也沒辦法區別現代的壓力來源和真正威脅生命的壓力。**

在我們祖先生活的環境中，這一連串反應通常短暫出現且不常發生。不過，現代生活以我們無法處理的速度，不斷對我們的感官轟炸，可想而知，我們經常處於感覺超載的狀態，導致大腦認為每件事都充滿壓力，以確保我們的安全。

無可否認地，這種過度敏感使我們長期處於慢性壓力的危險狀態，慢性壓力和身體可以應付的急性壓力不同，你永遠無法從皮質醇的增加中得到緩解。在對抗急性壓力的過程中，你的皮質醇水平會急遽升高，直到威脅消失，然後在大約一個小時內恢復正常數值。由於反覆不停地暴露在現代環境中的壓力來源，我們的皮質醇水平不斷受到刺激，導致水平基準拉高，甚至可能造成毀滅性的後果。

舉例來說，我們知道皮質醇水平長期升高會降低免疫系統，讓你容易生病。根據約翰．漢考克（John Hancock）的研究，美國企業替因病缺勤的員工承擔了可觀的成本——估計平均每年一個員工要一千九百塊美元，而且依據國家職業安全與健康研究所（NationalInstitute for Occupational Safety and Health）的數據，壓力較大的員工比壓力較小的員工花費高出百分之四十六的醫療健保費用。不出所料，二〇一九冠狀病毒病大流行（COVID-19 pandemic）期間的壓力狀態（包括心理、生理和精神上的成本）急速攀升，在二〇二〇年四月的調查中，大約百分之八十八的勞工承受「中等到高度壓力」，其中百分之六十二的人宣稱由於疫情壓力每天損失了至少一小時的生產力，而百分之三十二的人每天損失至少兩個小時。他們承受的壓力使免疫系統出現問題而更容易生病。

美國心理協會（The American Psychological Association）認為慢性壓力與六種致死原因有所關聯：心臟病、癌症、肺部疾病、事故、肝硬化和自殺。壓力甚至會讓我們提早衰老！多項研究表示，慢性壓力與較短的端粒（Telomere）[9]有關，端粒可以保護影響細胞衰老的染色體，類似鞋帶末端的塑膠套，它們可以防止任何磨損。但是隨著皮質醇水平的提高，端粒被破壞掉，引起更快速的老化。在加速衰老的過程中，皮質醇升高會減少一種保護大腦細胞的蛋白質——腦源性神經營養因子，甚至會降低智商，當你的身體承受壓力時，大腦中的幹細胞會抵制與前額葉皮層的連接，影響你的認知處理過程。

二〇一八年發表在《神經學》上的一項研究，將較高的皮質醇數值與記憶力、組織力和注意力測試中的不良表現連結在一起，在兩千多名無症狀的中年勞工樣本中，皮質醇水平最高的受試者更有可能在大腦中發生與阿茲海默症早期指標一致的變化。但是我們的健康並不是唯一的隱憂，工作上的表現也深受影響。

分別在二〇〇三年和二〇〇五年發表經過同儕審閱的研究發現，皮質醇誘發壓力的機制會削弱受測者發現錯誤的能力，同時會大大增加他們的食慾，所以美味的員工餐對於工作表現有一定的效果。二〇一六年一項研究的參與者被要求以越來越短的時間解決數學問題，如果回答不正確，就會發出刺耳的蜂鳴聲音，飽受壓力的受測者在注意力、約束力、任務管理、規劃力和程式設計方面因此都有顯著下降。

當我們承受壓力時，工作表現和身體健康都會受到損害，異常緊張的大腦會造成惡性循環，使人陷入生存模式。**除非運用更強大的認知能力，擺脫掉充斥著壓力的想**

法，才能做出更好的決策。

這些時間剛好可以……做一個爛決定

生存本能就像自身的保鏢一樣，一旦發現威脅，便會迅速有效地採取行動。有保鑣是件好事，但是在充滿壓力的情況下，他經常被誤導、過度操勞，而且持續發出錯誤的警報，讓你未經思考就做出反應，即使在沒有生命危險的狀況下也一樣。

當生存本能影響或凌駕於決策過程之上時，我們就無法替問題想出最好的解決辦法。請回想上次遇到經濟衰退時，你清算自己投資組合的反應。或者那次你沒得到該有的職位晉升，暴跳如雷地揚言要辭職。或者是某次你的情緒特別激動，跑去買一堆冰淇淋，然後不知不覺地吃掉了一整桶。以上都是你的生存本能在主導，在沒有任何生命威脅的情況下，做出的戰鬥、逃跑和靜止反應。

從體內保鑣的角度來看，最好盡快採取行動來掩護自己，以防任何意外狀況。結果，我們太急於做出反應，以致於沒有事先了解或調查威脅來源，也許那只不過是短暫的財務波動，或是只要與老闆討論為何自己無法升遷就好，抑或只是一股稍縱即逝的傷感。我們沒有運用大腦理性思考，竭盡所能找出最佳方案，反而用潛意識下決策，得出草率的結論，只為迅速解決問題。

有一位親愛的朋友說：「如果你急切地渴望一樣東西，通常要付出可觀的代價，美好的事物往往需要付出時間來獲取。」換句話說，如果我們迫切需要某種東西，往往會抄捷徑，即使最終得到了，結果也可能不如預期。如果大腦希望我們活下去，有時我們得到的結果並不是最好的。如果沒機會在本能接管實際威脅生命的情況之前處理好各種情況，我們往後的日子又能有什麼希望呢？

值得慶幸的是，我們大多數人並不是每天都在做生死攸關的決定。但是再次強調，我們的大腦不擅於分辨威脅是真實還是幻想，導致我們經常依靠生存本能來尋求快速且果斷的反應，因為這就是直覺與生俱來的方式——非黑即白，非生即死。但是，在充滿灰色地帶和複雜決策的世界中，依賴二元判斷是非常糟糕的方式。我們做出良好決策的能力在壓力之下會降低，主要歸因於以下兩種機制：

1. 決策過程的條件限縮或妄下斷論，導致所有的選擇，不是沒有經過評估，就是在做出決定之前沒有仔細斟酌。
2. 審查可行方案沒有依照邏輯性，反而亂無章法，以至於經常產生偏頗的決定。

例如，假設老闆要你為大公司的派對選擇餐點，設法滿足五百人的胃，而且距離活動時間只剩下一個禮拜，你會怎麼辦？也許去谷歌搜尋中規中矩的本地外燴服務，如果真的感覺時間緊迫，你可能傾向於找以前吃過的餐廳或菜單。你會考慮尋找沒有出現在谷歌或Yelp[10]網站的公司嗎？若你發現這個派對是辦在戶外，是不是最好選擇用餐車服務？如果預算沒有上限，從緬因州空運龍蝦過來是不是最棒的選擇？因為時間有限，你可能根本沒有想到食物過敏問題，或者四分之一的員工是素食主義者，又或者……

現在想像一下，晚餐即將在兩小時後開始，你的工作快開天窗了。

時間通常是我們對自己施加的最大壓力來源，進一步阻礙我們探索更多創意。在這樣的情況下，你可能感到不知所措，以致於草草決定，或者被嚇呆了而遲遲無法做出任何選擇。在現今的社會中，追求創新和快速作業的壓力的確令人難以承受，迫使我們想快點找出解決方案，而非在初期花時間慢慢評估情況，就像用一個滿是破洞的水桶從水井裡取水，我們過度急於完成取水任務，反而從不停下來修補水桶，以便可以更有效率地達到目的。

在這種壓力不斷攀升的時空環境之下，做出的決策通常都很糟糕，我個人曾經無數次陷入這樣的陷阱。我和工作夥伴互開玩笑說，他的生存本能在原地維持不動，他設計了十五種不同的桶子，但是從未付諸實行。相反地，我會提著六個桶子不停地從水井中來回取水，即使每個桶子都在漏水，而且我事前沒有任何計畫。

最近，在進行一個開發應用程式的專案時，我的生存本能幾乎讓整個團隊陷入了災難。

在試用版本測試期間，我們的應用程式收到許多正面回饋，但是我感到惶恐不安，在生存模式作祟下，我開始將數百條評論、缺點、漏洞、重點和構想（部分直接針對其他人），全部丟給開發團隊，每當團隊朝著一致的方向前進，我就會做出完全相反的指示。同時，我的事業夥伴盡可能地構思計畫，但是最後都成了一團廢紙。事情的發展變得顯而易見：**生存本能令我們困在枝微末節而無法綜觀全局**。

我們必須先慢下腳步，才能想辦法追上目標，只要花時間分析所有的回饋，便會出現一條明確的方向，我的夥伴設計一個合理的計畫，然後我想辦法去執行，不需要多少時間，整個團隊的目標一致，並且比以往更快的速度往前進。

陷入生存本能甚至會影響我們面對決策的不良結果。二〇一三年，運動服飾品牌Lululemon發售的一系列瑜珈褲，不小心以透明材質製作，女性消費者穿上後出乎意料地非常暴露，導致銷售額一落千丈，褲子不得不被下架召回，估計造成六千七百萬美元的損失。當時的公司執行長奇普．威爾遜（Chip Wilson）向電視記者表示是因為部分女性的身體不適合穿著他們公司的褲子，他不僅貶低許多女性族群，甚至暴露出公司無法為這些女性做出明智的產品決策。

存在缺陷的生存本能經常導致不明智的生活決定。鮑伯的故事為例：鮑伯是一家成功經營五十多年的中型企業執行長，但是近期他的領導能力備受質疑，因為公司的收入下滑，而且鮑伯無法因應大幅變化的市場。公司團隊提出了一些建議，其中一項由執行團隊成員史蒂夫提出的計畫，儘管所有人大力支持史蒂夫的倡議，鮑伯卻公開批評這個提議「薄弱且無法執行」，無論董事會進行多麼激烈的討論，並對史蒂夫的計畫提供強而有力的分析作為支持，鮑伯依然拒絕採用該項計畫。

鮑伯為什麼要做出如此糟糕的決定？因為他感覺到事業之外的壓力，實際上，激烈的爭論促使他做出糟糕的決策。那一天，他的公司公布了到目前為止最大的虧損，鮑伯正要轉彎進去辦公室時，卻撞上史蒂夫而跌倒在地上，他感到尷尬和慌張，趕緊跳起來推開史蒂夫，並且大聲謾罵攻擊他。

雖然鮑伯的誇張反應顯然是被誤導，而且坦白說可能還會被究責，但卻為我們提供了生存本能的經典範例。對於鮑伯來說，史蒂夫是一個競爭對手，對他在公司中的地位和職位都構成挑戰。在古代，與領導者的挑戰意味著非生即死，能夠淘汰競爭對手並穩固領袖地位的聲譽，在生物學上代表著巨大的優勢，但是如果領導者沒有提高警覺，群體中其他人可能會開始質疑他的領導能力。

傳統上，篡位者很少冒著讓前任領袖活著的風險。當然，鮑伯理智地知道自己的生命並沒有受到威脅，可是並不能阻止有缺陷的生存本能逼著他做出糟糕的選擇。

當生活或公司的未來不穩定或無法確認時，我們的大腦會進入保守反應的狀態。正如同威爾遜針對褲子發表聲明後所經歷的，我們都曾經有過說錯話或搞砸事情的時候，傾向於抨擊可能的敵人或者逃避問題，而非立即著手解決。壓力不僅會影響弱者和那些「無法負荷工作量」的人，而是會撼動我們所有人，從此刻起，我們要打起精神做出更好的回應。

時間相對論和容易分心的世界

我們如何讓大腦給自己更多時間做出最好的決定？想改變生存本能，就必須扭轉對時間的觀感。

切記，時間是人類建構出來的，因此可以藉由多種因素來控制個人對時間的認知。當愛因斯坦首次發表《相對論》時，他的祕書不知該如何向記者解釋這個理論，於是愛因斯坦給了他一份摘要去複述：「當你和一個漂亮女孩坐在一起，即使時間已經過了兩個小時，卻感覺只過了一分鐘。但是若你坐在火爐上一分鐘，反而覺得有兩個小時之久，這就是相對論！」

以愛因斯坦的理論來看，時間是相對的，我們會根據具體情況而有不同的感受，只要更了解如何掌控我們對時間的感知，就可以不受壓力影響，做出更好的決策。時間認知經常以兩種形式出現：回顧性或者是前瞻性的體驗。

回顧性的時間認知，就是我們如何解釋已經發生的事件，如何回想過去。另一方面，前瞻性的時間是你所預期的未來：即將發生什麼事情？今天是什麼日子？我們下次必須處理什麼緊急狀況？當我們感到忙碌時，事情總是接二連三地到來，時間一下子就過去了，我們一直覺得沒有足夠時間來完成所有待辦事項。理想情況下，我們大多數人都能夠感受當下的時刻，然而我們的思想卻容易陷入對未來的擔憂，以及對過去的沉思。

出乎意料地，科技竟然助長了這種時間造成的壓迫感。

心理學家奧菲・麥克勞林（Aoife McLoughlin）透過多項研究闡明，我們對科技的依賴會產生意想不到的時間成本，當我們經常檢視社群媒體貼文和查看手機訊息時，感覺時間流逝得比較快，代表我們對時間的認知加快了！

我相信大家都有相同的經驗，當我們原本只想快速瞄一下手機時，抬起頭時卻發現自己已經浪費了半個小時。其他研究發現，當我們認為沒有充裕的時間來完成一項任務時，即便實際上時間還很充裕，我們也會表現特別差勁。

總結來說，**我們對科技的沉迷創造了一種環境，使大腦對時間造成誤判，導致我們無法展現最好的水準。**

喬治城大學教授卡爾・紐波特（Cal Newport）[11]在他的著作《深度工作力：淺薄時代，個人成功的關鍵能力》中提出了一個挑戰，他在書中強調，我們所有人都迫切需要找到擺脫淺薄工作的方法，所謂的淺薄工作包括「非高認知需求、偏向後勤的工作，往往在注意力分散中執行，這類工作通常不會創造多少新價值，而且很容易模仿。」

無論是電子郵件、簡訊，還是社群軟體的貼文，結果證明，你原先想用五秒鐘快速瀏覽一則新訊息，最後一定會花超過五秒，實際上平均要經過大約二十三分鐘（準確地說是二十三分鐘又十五秒）才能讓你的專注力回到原本的工作上。

葛洛莉雅・馬克（Gloria Mark）的實證研究首先發現這項巨大的時間成本，而且被打斷的工作者為了更快地完成工作來彌補所浪費的時間，將造成更多的壓力、挫折和較差的生產力，研究參與者（也許包含你和你的同事）其實都需要一點「急事緩辦」的節奏。

急事緩辦（Festina lente）是一則拉丁文諺語，可翻譯為「忙而不亂」，我們都聽過「欲速則不達」的名言，但是在一個變化越來越快的世界中，放慢速度似乎肯定會輸掉比賽。「急事緩辦」的態度正是讓生存本能與你合作而非對抗的關鍵。

扭轉時間來發揮你的優勢

為了更加專注於深度工作——需要你全神貫注處理的高度認知挑戰，將淺薄工作活動分配在特定時段處理會有明顯的助益，舉例而言，你可以在早上七點到八點、中午十二點到一點、下午四點到五點收發電子郵件，而不是每當有新郵件進來就馬上處理。只要能訓練大腦盡量專注於一項任務，我們的工作表現就會更加優秀。

加州大學爾灣分校（University of California–Irvine）的一項研究顯示，一般工作者大約每三分鐘會切換一個任務，另一項研究發現，有百分之七十的電子郵件在收到的六秒鐘之內被打開，這些科技方面的干擾使我們的大腦變成無法保持專注的過濾機器，而且根據卡內基・梅隆大學（Carnegie Mellon University）的一項研究，這類干擾使我們正確回答問題的能力下降約百分之二十！

請試著想像，當你安排一段不被科技干擾的時間和空間，進行深度工作，確信自己有充足時間去完成需要執行的事項，你的表現將會有何不同？

可是當大腦告訴你時間不夠時，要怎麼表現得好像有足夠的時間？

只需要放慢大腦的思考速度，就可以感受到更多的時間，當大腦沒有接收到太多刺激時，時間的流逝就會變得更慢。依照你生產力的水平，深度工作的最後五分鐘可能感覺像擁有三十分鐘一樣長，結果顯示，我們可以充分掌控對時間的感知。

史丹福大學（Stanford University）神經科學家大衛・伊葛門（David Eagleman）[12]解釋道：「大腦經過一連串複雜的編輯過程，向你呈現外界發生的事情以及發生的節奏，由此可知，你的所見所聞不見得真實存在，大腦只是試圖將世界上最棒、最有用的故事組合在一起。」換句話說，**關鍵是掌控大腦的編輯力，置入你想知道的故事：你擁有足夠的時間**。

我的朋友兼導師亞提・伊薩克（Artie Isaac）在自己電腦螢幕上貼了一張便條紙，上面寫著：「我是機長。」時刻提醒自己，與團隊溝通時，必須像機長跟乘客講話一樣，展現出冷靜、清楚且不疾不徐的態度。我們應該將這種想法輸入大腦的編輯中心，才能撰寫出更適應現代環境的故事，例如：「親愛的大腦，我是機長，我知道你正在嘗試撰寫一個對我有用的故事，但是如果我們像這樣編輯反而會更好，剪掉這段、保留那段之類的。」

若想更加了解我們的大腦如何構思有意義的故事，可以回想當九一一攻擊事件發生時，或是美國總統甘迺迪被槍殺時，又或是出車禍時廣播電臺正在播放哪首歌。我們大多數人都對產生高度情緒化的情況有非常鮮明的記憶，因為大腦在這些情況下會盡可能記住更多細節。假如你在危機中倖存下來，你的大腦會清楚知道下次發生類似情況時，該如何指導自己的行為，就好比創造一個由許多片段組合出來的精華影片，作為之後的參考，而且與事件相關的資訊越多，便需要越多時間去解讀。

我將這個現象稱為「駭客任務效應」，出自於西元一九九九年一部電影中著名的慢動作場景，當時男主角發現自己可以輕易躲開猛烈的子彈掃射。

我們如何利用「駭客任務效應」來發揮我們的優點？我們必須學會刻意在當下放慢對時間的感知。

向薩利機長學習：在當下放慢對時間的感知

還有誰比那些穿梭在危險之中、冷靜地掌控情勢的人受過更多訓練呢？對於大多數人來說，當我們遭遇真實的緊急情況時，例如被熊熊大火困住，或是受到槍林彈雨的威脅，我們的生存本能就有充分的理由出現，假如你是一位消防員呢？或者是急診室醫療團隊的成員呢？是什麼緣由使這些人能超越自己的直覺，直接面對威脅？這些領域的專家接受了扎實且長期的培訓，使自己能夠應對各種生死攸關的狀況，這種控制力遠遠超越了我們大多數人擁有的生存本能。

請回想薩利．沙林博格（Sully Sullenberger）[13]機長的作為，當他駕駛的空中巴士客機撞到一群加拿大雁，因此失去兩具引擎的動力，薩利沒有時間檢視所有的選擇，也沒空諮詢相關領域的專家，討論他將要做出決定的利弊，他必須迅速作出反應。他用令人讚嘆的冷靜態度和速度做出選擇，最終將飛機安全降落在哈德遜河上。薩利將這次的成功歸因於多年的培訓，他花費很多時間，在模擬器中操作了數千次的情境訓練，他的大腦記住了許多模擬畫面。

他如此形容自己的故事：「四十二年來，我一直在這家擁有豐富經驗、教育和培訓的銀行定期存入小額存款，直到一月十五日，存款餘額達到了目標，於是我可以提出一大筆存款。」

薩利過去一萬九千六百六十三個小時的飛行時數和接連不斷的培訓，使這個生死攸關的決定在當下自然產生且有效執行。但是，對於我們這些沒有每天面臨生命威脅的人，大腦卻不斷以為我們的處境很危險，又該如何應對？

消防員、急診室團隊成員與飛機機長都進行過數千小時的特殊情境訓練，因此他們可以專業地處理每個人都不希望發生的情況，他們的訓練一開始都強調：深呼吸並評估情況。透過採取相同的策略且緩和步調，我們可以訓練自己的生存本能去放鬆，讓我們面對每日不可預測的挑戰時，能夠進行更理性的思考。

接下來，我們要了解薩利飛機上的乘客，他們的大腦從恐怖的經歷中儲存了大量的記憶片段，因此當他們要回溯那次意外事件，所有畫面集合起來似乎可以播放一輩子，然而實際上，這架飛機是在下午三點二十五分起飛，兩分鐘後撞上一群鳥，並且馬上失去兩個引擎的動力，薩利讓飛機迫降在哈德遜河之前，發出了求救訊號，從求救到迫降只用掉了九十秒，等同於我們平常刷牙時間的一半！儘管乘客回想起來覺得那場戲劇化的意外持續了幾個小時之久，但是那天在機上，對他們而言整個事件應該發生得非常快。

「一眨眼之間」和「一切都發生得很快」這類用詞經常可以從遭遇創傷事件的目擊者口中聽到，直到大腦處理完所有發生片段以後，我們才能回顧過去，並獲得時間拉長的感覺。假如你可以刻意控制當下充滿壓力的經驗呢？如果你運用時間擴展來緩解日常皮質醇升高的時刻呢？

嘗試新奇的事物來扭轉時間

雖然我們對時間的感知會因為平常的干擾而消失，然而我們可以把注意力轉移到當下，這有助於我們掌握時間。

舉個例子來說，下次遇到塞車時，數一數紅色汽車的數量，播放你從未聽過的歌曲，開暖氣來營造桑拿浴的氛圍，或者在車內舞動並鼓勵旁邊的人參與。

盡量嘗試「第一次」做的事情，不一定要戲劇化到如史詩般壯烈或撕心裂肺，只需做一些新奇到足以讓大腦進入記憶模式即可，目的是讓大腦能夠敏銳地記錄正在發生的事情。

對於在家中排行老二的人而言，你可能非常了解新奇事物的結果，例如，父母為哥哥姊姊小時候的照片數量比你的多出至少三倍，不是因為父母比較不愛你，而是因為第一個孩子所做的事情對他們而言都非常新奇，令他們感到異常興奮！

快來看！大衛在走路！

快來看！大衛自己在洗澡！

快來看！大衛大便在地板中間！

我看起來很委屈嗎？不，我發誓我很高興身為第二個出生的孩子，因為如果排行老三可能會更糟。

關鍵是，你的大腦就像擁有第二個小孩的父母一樣，曾經去過的地方或者做過的事情都無法觸動記憶的按鈕。

為了更完善地掌控自己的大腦，你只需要進行一些能夠引起大腦注意的事情，使它認為這些特別到應該記錄下來。當你投入新穎的事物中，舊有的神經傳導模式會被打斷，每天不會再出現大量的皮質醇，生活不會再依照「這是一個很可怕的世界」的單一劇本演出。就像你在深夜節目的規律聲音中睡著，突然出現一個吵雜的商業廣告，新鮮感會將你喚醒到意識層面，你的大腦就會開始運作。

我們之中的一些人（以下稱為「我」）在這方面需要一些輔助工具，因此我會利用設定鬧鐘的方法（請確保鬧鐘設定於從事深度工作以外的時間！），提醒自己執行不同的事情，來緩和自己對時間的認知。鬧鈴響起時，請立刻放下電話、離開電腦或者脫離原本正在忙的事情，一開始可以嘗試運用你的各種感官：欣賞風景、環顧周遭、細聞空氣中的味道、聆聽周圍的聲音，詢問自己感受到什麼了嗎？這樣做的目的是感受新事物，訓練你的大腦看清真實存在的東西，而不是大腦所認為的事實。

面對大型演講、長期拖欠的稅款，或是龐大到不知從何開始的公司項目，我們的大腦很容易陷入恐懼和壓力中，自然而然地陷入一種悲觀循環，不停地告訴自己：「時間快不夠了」或「既然注定失敗，為什麼還要開始呢？」在這種情況下，那些鬧鈴確實可以動搖你的本能意識，擺脫陳舊無用的神經運作模式，幫助解決更深層的問題。

當你感到壓力時，請花點時間探究你的生存本能：「此刻我在害怕什麼？我是否讓恐懼得逞，在事情還沒開始前就被嚇跑？」當你直接檢視自己編寫的故事時，你可能會發現它充滿漏洞，這些機制原先是設計來幫你保住性命，如今卻阻止你做出最佳決策和實現目標。只要找出心中的恐懼，就可以駕馭它，它不是老虎，不會吃了你，你所描繪的新事實可以幫助你全心全意地投入，為成功做好充足的準備。

即使影響的時間短暫，只要中斷生存模式就可以阻擋每天損害你身心健康的壓力和皮質醇轟炸，你甚至會開始像《駭客任務》中的英雄那樣面對自己的世界，你會突然發現，原本大腦認為朝著你飛射過來的子彈，實際上只是不斷湧入的電子郵件、簡訊和新聞快訊。大腦會重新評估與記錄那些威脅的真實性，包括讓你抓狂的通知聲和鈴聲，然後你將擁有全新的認知，與這些聲音相處融洽，子彈會從原來的軌跡掉落，不再對你造成任何傷害。

臨床心理學家和認知神經科學家伊安．羅伯森（Ian Robertson）[14]說：「大多數人都有能力透過簡單的心智管理來控制他們意識的內容。」當你花時間提高自覺，注意周遭環境，並且把接收到的感受標記為親切或振奮人心的，將有助於大腦記錄新事物，減緩對時間流逝的感知。

請注意，我只提到將感受標記為親切或令人興奮，雖然肯定會有被大腦註記為「恐怖」的時刻，然而隨著科學家深入了解大腦與情感相關的區域，我們發現皮質醇和情緒狀態之間並非直接相關，事實上，藉由注入良好的新奇感，可以騙過大腦，讓人從焦慮和恐懼引起的皮質醇暴增中，轉移到有效的興奮和動機上。

我姊姊以前常說：「生活可以是一場考驗，也可以是一次冒險。」在大多數情況下，我們可以選擇將自己的精力從焦慮感轉變為興奮感。

想像一下，如果我們不得不檢討糟糕的表現或績效，大多數人都會感覺到壓力，這些談話經常充滿焦慮和擔憂，古老的恐懼驅使我們不停地想：如果他們拒絕我，或是把我踢出團體，那該怎麼辦？反而浪費一堆時間，擔心別人如何看待這件事的結果。

現實中，我們只能掌握一種故事版本，那就是我們自己的故事，我們可以透過選擇興奮來控制自己的壓力，甚至更有可能影響其他人以同樣的積極態度做出回應。基於人類的社交天性，焦慮和平靜之類的情感其實都具有感染力，因為情緒會投射在我們周遭人類的大腦中。與其將績效檢討視為嚴酷的考驗，不如將其當作一場冒險，他人的反饋事實上是給予我們的禮物，我們又何其幸運能夠賦予他人成長的機會！這就是你如何開始超越生存本能，進而展現出最佳的表現能力，創造雙贏的局面。

當我們陷入社會的壓力和繁忙之中，我們很容易忽略或錯過該採取的意識行動，尤其身處在令人恐慌的壓力不斷激增的世界之中。奇怪的是，從各方面來說，我們的生活比以前的祖先過得更加便利、更加安全。我們必須讓大腦意識到，現在身處的環境與祖先生活的環境所需要的應對方法是不同的。

若想要排除生存模式引起的持續性壓力，有一種方法看似違反直覺卻十分有用：學著**放慢速度**，抓住機會去掌控時間，而不是讓時間控制你。不要再用破水桶取水，花一些時間檢查水桶上的破洞，並且修補好你的水桶。即使周遭的人們都在忙碌奔波，你也要與眾不同，追求新穎，傾聽音樂，無論是小提琴聲或手機鈴聲，用全新的意識去評估危險，別再讓你的生存本能偷走時間或者剝奪生活的多彩多姿。

改變對時間感知的作法

- 選一天試試看，用非慣用手進行各種活動，例如刷牙、倒咖啡、在手機上打字。所有看似微不足道的小事，都會變得新奇無比，尤其是在運動的時候！
- 打開你的感官：觀察週遭環境，聞一聞空氣中的味道，聆聽週遭的聲音，發掘看看有什麼新事物。

- 稍微修改開車去上班或去雜貨店的路線。假如有使用導航系統，試試看關掉它，想辦法憑記憶到達目的地，如果不小心迷路的話更好，一路上你就不會有機會胡思亂想，反而會更加注意從未發現的地理細節。
- 每當看見橘色東西，就露出微笑。
- 找間新餐廳或找位新朋友一起吃午餐，或是試著點一些你從未吃過或通常不會點的料理。
- 記錄一整天發生的開心事，可能是件小事，例如陌生人在街上對你微笑、一隻狗對你搖尾巴示好，又或是下雨過後人行道的清新氣味。這不僅僅是一份心靈清單，記下這些可以擁有更多的好處，由於我們的大腦經常被消極的偏見所束縛，在多項科學研究中發現，積極尋找令我們感恩的正面事情，不僅能讓時間變慢，還有許許多多的幫助。

本章重點摘要

生存本能是所有其他本能的根本。

在祖先的環境中，生存本能使我們的生命免受威脅和傷害，但是在現代的世界中，它對我們的大腦、身體、人際關係和工作績效造成過度的壓力。

找到「急事緩辦」的方法：放慢匆忙的步調、減輕壓力並且提高生產力。

將淺薄工作分批處理，以確保有充足的時間進行深度工作。

設定自覺提醒，以重新檢視自己的意識狀態。

尋求新穎的事物來扭轉時間，並且更緩慢地體驗生活。

養成撰寫感恩日記的習慣，來幫助克服消極的偏見。

運用你的意識力量將壓力訊號解讀為一場冒險，而非折磨。

註釋

1 哈德遜河（Hudson River），美國紐約州的大河，由北而南長五〇七公里，匯入紐約港。

2 馬可·拉瓦（Marco Lavoie），四十四歲經驗豐富的野外旅行家，二〇一三年八月在加拿大魁北克省荒野之地被一隻熊襲擊後，失去了所有食物和裝備，受困了三個月才被警察搜救到，奇蹟似地生還下來。

3 艾倫·羅斯頓（Aron Ralston），一位美國登山家，他於西元二〇〇三年在猶他州攀登大峽谷時發生意外，其右手前臂被巨石壓住而動彈不得，不得已只好用一把隨身攜帶的小鈍刀斷臂求生，事件過程後來被拍成電影《一百二十七個小時》。

4 儒勒·馬斯奈（Jules Massenet），法國作曲家和音樂教育家，最出名的是他的歌劇，知名作品有《瑪儂》（*Manon*）和《維特》（*Werther*）。

5 法蘭茲·舒伯特（Franz Schubert），奧地利作曲家，浪漫主義音樂的代表人物，他一生短暫，得年三十一歲，卻創作將近五百多首曲子，以抒情的旋律聞名。

6 曼紐爾·龐賽（Manuel Ponce），二十世紀著名的墨西哥作曲家，作品以《小星星》（*My little star*）最受歡迎。

7 約夏·貝爾（Joshua Bell），美國知名小提琴家，富有詩意的音色清亮細緻，在世界樂壇占有一席之地。

8 史特拉第瓦利琴（Stradivarius），一種極其昂貴的小提琴，由史特拉底瓦里家族在十七到十八世紀製作。

9 端粒（Telomere），位於細胞染色體末端的結構，可避免染色體末端的基因受到破壞，當端粒短到某種程度後就無法繼續保護染色體，進而加速老化過程。

10 Yelp，美國最大評論網站，開放用戶對餐廳等場所進行評價。

11 卡爾·紐波特（Cal Newport），喬治城大學電腦科學系副教授，專精於分散式演算法，已出版5本書，同時經營熱門部落格「學習客：成功模式解碼」，提供學習、工作與人生的成功建言。

12 大衛·伊葛門（David Eagleman），美國神經科學家、科學作家，專長為大腦可塑性、時間知覺、聯覺，以及科學與社會政策間的交互影響，作品有《死後四十種生活》、《躲在我腦中的陌生人》。

13 薩利・沙林博格（Sully Sullenberger），前美國空軍飛行員，二〇〇九年一月十五日駕駛受到加拿大雁撞擊而導致雙發動機均失效的全美航空一五四九號班機，最後迫降於紐約曼哈頓的哈德遜河上，機上一百五十五名乘客和機組人員均生還，因此被美國人稱作「國家英雄」。

14 伊安・羅伯森（Ian Robertson），一位備受肯定的臨床心理學家及神經學家，具有將研究應用於面對日常生活壓力的獨特能力，著作包含《壓力效應》（*The Stress Test*）、《贏家效應》（*The Winner Effect*）、《大腦雕塑》（*Mind Sculpture*）及《心智之眼》（*The Mind's Eye*）。

2 CHAPTER

性別

重新定義角色、領導者和責任

按慣例，我們家每逢重要節日都會聚在一起，即使曾祖母的九十歲生日也不例外，透過那次聚會，我開始充分了解到由「性慾」驅動的強大直覺。

當時我只有十三歲，其實對那一天的記憶已經有點模糊，只記得姊姊和我正為了吸引表弟的注意而爭吵，可能有些人在打牌（家庭聚會的常態性活動），然而，某個時刻卻永遠銘記在我的腦海中。我們聚集到外面準備大合照，所有親戚（至少有十五人）都緊靠在一起合照留念，我叔叔設定好相機快門的計時器，然後快步跑回來加入大家，告訴所有人要說「起司」，接著事情就發生了……

「起司？起司？！」我的曾祖母用非常不以為然的語氣說：「我已經活了九十年，如果你想到讓我們微笑的最好用語是起司，我豈不是該死。」然後，她露出微笑且眨了一眼說……

「西斯（sex，英語為「性」之意）！」

不用明講也知道，捕捉到我們所有驚恐表情的照片已經成為最經典的合照，一個九十歲的人，即使生育的黃金時期已離她遠去，腦袋裡依然存在著「性」的想法。

鳥兒會交配，蜜蜂亦然，藤壺、裸鼠以及我們人類（顯然還包括老奶奶們）全部都懂，性慾普遍存在於動物界之中，而且是僅次於生存的第二個重要本能（畢竟，如果你無法生存下來，更沒有必要討論你對性慾的需求）。

深入了解我們的性慾本能如何塑造兩性的行為和動機，對於保障健全的職業和個人生活至關重要，性慾本能基本上以兩種不同的方式影響我們：

1 我們基於什麼原因被什麼樣的人吸引，驅使我們遵循特定的角色和刻板印象。基於本書的宗旨，我堅持採用異性戀者、心理與生理性別一致、性別角色，並不是要邊緣化任何族群，而是想告訴大多數的人，即使你沒有在這個群體之中，性別假設和性別框架仍然會出現。

2 兩性投入的差異和不同性別的動機加強了性別角色。相反地，如果溝通有誤或目標不一致而導致性騷擾的狀況，則可能產生負面的後果。

3 當你尋找伴侶時，你喜歡什麼樣的類型？為什麼喜歡？遇到什麼樣的行為（幾乎可以保證不在你目前公司的規定手冊中）會讓你想告他人性騷擾呢？你可能以為自己知道，可是一旦了解你的生理機制如何以本能行為逐漸削弱這些認知，你將會感到非常驚訝。

生物學角色、規則和衍生結果

一直以來，女人必須在團體中維持凝聚力與合作，以協助確保後代子孫的安全，而傳統上身體更強壯、更具優勢的男性則離開團體去狩獵，這種特定性別的選擇仍然適用於大多數哺乳動物，女性因生育和撫養的能力而受到重視，男性因其地位、保護能力及地位賦予的資源而得到尊崇。

儘管我們認為現在已經擺脫這些過時的框架，然而，美國女性每年在美容產品上花費超過四千五百億美元，這點的確能讓我們看出端倪，過去兩百多萬年以來，女性透過地位崇高的男性取得資源，直到今日，我們依然拚命讓自己看起來年輕且「勻稱」（代表生育能力和健康狀態），來吸引最優秀的男人。

由於直覺偏好仍然影響許多男性的伴侶選擇，因此女性會做出各種奇怪的事情來吸引潛在伴侶，比如在臉上打肉毒桿菌，或是穿上像酷刑器具一般的腰部塑身衣和馬甲緊身衣，這僅僅是其中兩個例子。而且社會普遍存在一種現象：越年長的婦女染髮時挑選的髮色會越淺，也許跟一個古老的說法有關：「紳士偏愛金髮女郎。」

沒有一個超過生育年齡的女人會「自然」擁有一頭金髮，我們的頭髮會隨著年紀漸漸轉白或轉灰，可想而知，喜歡金髮的紳士們可能將金髮當作年輕的參考依據，因此才會成為擇偶的條件。

自一九二〇年代以來，《花花公子》（*Playboy*）封面人物和美國小姐優勝者一直擁有相同的腰圍與臀圍比例並非偶然，究竟腰臀比率〇．七有什麼神奇的地方？這個比例可以大大地提高生育能力，我們認為這個比率非常完美，僅僅因為它可以賦予生殖的好處，即使我們生活在可以使用各種避孕法來積極避免懷孕的時代，我們的腦袋卻仍引導我們去接近能有效地生育孩子的人。

男性也有展示自己身分地位的獨特方式，藉以獲得與伴侶接觸的機會。或許你看過雄性孔雀美麗的尾羽（為了給雌性孔雀留下深刻的印象）或者雄鹿頭上令人望而生畏的鹿角（彰顯雄性氣概，而且可以威嚇敵人）。同樣地，男人會藉由「消費地位」來證明自己的伴侶價值，並提醒對手他們是「最優秀的」，男人在法拉利、藍寶堅尼和勞力士等奢侈品牌會花很多金錢來消費，以至於奢侈品牌的廣告絕大多數以男人做為目標客群。

令人吃驚的是，在研究人員人工提高雄性激素睪固酮水平（使其達到可以自然吸引女性的程度）的研究中，男人會選擇高級的手錶和服飾名牌，而非質感更好的品牌，他們積極地嘗試證明他們的身分地位——即便不是透過孔雀尾巴或鹿角。

除此之外，男人經常關心自己的身高，政治人物也會在自己的鞋子裡墊增高墊，並且在講臺後方多加一個站立的平臺。為什麼他們需要看起來更高？因為女人更喜歡個子高的男人（而且在投票給這些男人擔任位高權重的職位時顯然也是如此），在我們祖先充滿挑戰的環境中，身材高大的男人通常會獲得較高的地位，使男人成為更厲害的獵人、戰士和資源守護者。

時至今日，我們看見這種偏好以詭異的方式表現出來，舉例來說，在美國男性人口當中，身高超過一百八十公分的人只占了百分之十四．五，但是，如果將人口範圍限縮到只包含《財富》（*Fortune*）全球五百大企業的男性執行長，那麼身高超過一百八十公分的男性比率將攀升到百分之五十八！二〇一三年的一項研究分析了歷屆美國總統的身高，得到的結論是，最後一位比美國平均身高來得矮的總統是一八九六年當選的威廉．麥金萊（William McKinley）！研究人員估計，候選人的身高會影響選舉結果最多百分之十五的選票。將「身高」與「地位」聯想在一起的性本能，很有可能是高大男士大多位高權重的主因，我們祖先的理想偏好，到了現代仍如影隨形地體現於行為上，從政壇到董事會——即便身高和領導能力之間沒有任何合理關聯。

我們對性別價值規範的文化鞏固，甚至適用於我們對後代的關注。來自全球各地數百萬人使用google搜尋的數據統計顯示，「我的兒子」通常對應的辭彙是「天才」或「有天賦」，另一方面，搜尋「我的女兒」最常見的形容詞是「醜陋」或「肥胖」，這樣的情況實在令人不安，在性別方面，我們仍奮力對抗女性的外表導向和男性象徵財富地位的現象，而且問題不僅止於此。

性交策略

如果我們沒有刻意指導（和修正）那些行為，而是任由性慾本能主導行為，終究會導致兩性間的溝通錯誤和目標偏離，這是因為男人和女人不僅依靠不同的信號來證明和確定擇偶價值，還會透過兩種完全不同的策略來達成生育下一代的目的。

在我們探究性慾問題之前，請暫時從生物學的角度來思考。對女性而言，孕育下一代明顯會消耗許多精神和體力，請想像女性從受孕、妊娠、避免分娩的危險、養育後代等各方面必須投入多少努力，生育孩子是一項非常耗費精力的工作，而且女性能夠生育後代的機會非常有限，可生育期間很短暫（從青春期到更年期），相較之下，男性的精子通常可以存活到人死去為止，不受限於年齡。

因此，女人在挑選伴侶時更容易表現出差別對待。想一想古代的母親：懷胎九月之後，必須用富含營養和脂肪的母乳餵養小孩長達數年之久，實在不是件容易的事，更何況那段時間是女性最虛弱的時期，因為她們覓食和躲避獵食者的能力會大大降低，所以不得不挑選品質較優的配偶（進一步促使男性追求地位），這裡指的是具有良好遺傳基因、能夠提供物資和保護的男人。

另一方面，男性完全採取另一種繁殖策略，對於男人來說，交配遊戲就是要尋找年輕且身形勻稱的女人，而且要找很多個！這裡並不是要大肆批評男人，只是他們的大腦天生會這樣思考，而且精子的生產成本很低（每次射精約有五億個），從生物學上來講，男人從射精之後不需要為了他的後代做任何事情，可想而知，男性沒有必要對伴侶的品質有充分的了解（如果這個月你還有其他一百個機會，就不會關心這個女人能不能成功孕育後代），當涉及到性交時，男人的本能是追求對象的數量多寡，特別是有生育能力的健康女人（促使他們選擇理想的美女）。

在生物學上生殖成本和伴侶吸引策略的差異，使得男性和女性的大腦思考運作模式有明顯的不同，我們性本能產生的連鎖效應，以及我們如何尋找伴侶，對於我們的個人和職業生活都有深遠的影響。

兩百萬年以來，男性因其身分地位、統治權力和提供資源的能力而雀屏中選，然而在過去的一百年中，隨著女性開始進入傳統上屬於男性的領域，究竟發生了什麼樣的變化？當生存和獲取資源的能力不再專屬於男性時，女性開始湧入以往只留給男性的空間（包括工作場所），全球各大企業總部正在戲劇性地進行一項大規模的行為科學實驗。

現代職場的性別落差

毫無疑問地，隨著婦女越來越普遍出現在工作場所中，也越來越有能力擔任傳統上被男性占據的高階工作，性別間的衝突也變得更加嚴重。男人不僅找不到文化上的角色定位，而且還可能有意無意地表現出嫉妒和具威脅性的反應，因為這些女人剝奪了他們成為魅力伴侶的機會（至少他們的性本能這麼覺得），研究結果也證實如此，發表在《人事心理學》（*Personnel Psychology*）[1]的一項研究發現，同樣能幫助男女求職者獲得工作的特質，之後卻會危害女性人選的績效評估，換句話說，一位女性必須具備優秀能力才能獲得聘用，但是優秀的能力卻會產生比較差的績效評估，特別是由位階更高的男性主管評分的時候，女性因為能力優秀而嶄露頭角，最後反倒遭受懲罰。

華盛頓州立大學（Washington State University）的另一組研究人員發現，男性對於掌權女性的行為反應遠大過於不良評分，在談判活動中，男性下屬與地位較高的女性搭配時，往往會展現過度的自信。

在一種假設情況下，男性被要求與一名女性主管協商如何分配一萬塊的分紅，他是否平均分配獎金，最大因素取決於這位女性主管是否「追求權力或企圖心強」，如果女性主管沒有雄心壯志，他會分配較少的獎金給她。同一時間，研究人員立即進行暗示性的威脅測試，這項測試被廣泛用於社會科學研究中，以便找出潛意識的關聯，這些接受測試的男性被要求辨認在電腦螢幕上出現不到一秒鐘的詞彙，那些與「企圖心強」的女老闆進行談判的人，更有可能看到「恐懼」、「危險」、「威脅」之類的用詞，顯示他們至少在潛意識裡確實感受到那些女強人的威脅，即便他們不願承認。

然而，並非只有男性在工作上會面臨到生物層面的鬥爭，職場上的女人經常很難受到重視，尤其當她們為人母之後。

儘管二〇一一年詹格福克曼領導力顧問公司（Zenger Folkman）[2]針對七千兩百八十位領導者的調查證明，在優秀領導者擁有的十六種能力中，女性領導者有十五項能力排名都高於男性（由他們的員工來評分），然而一旦身為母親的身分被揭開，女性就會被評價為工作能力不夠且投入程度較差，奇怪的是，當男性同樣變成父親時，就不會被評斷為工作能力下降，事實上，身兼父職的男性領導者甚至被認為更加有責任感！

我們的直覺本能再一次干擾了我們的判斷力，女人一旦成為媽媽，無論本身多麼有能力、有責任、有資格成為領導者，性本能依然會引起讓女人退出職場的老舊思想。即便如此，性別偏見的另一個層面也必須被適當地評估。

哈佛大學和美國海軍學院的研究及皮尤研究中心（Pew Research Center）[3]的調查均證實了一種現象，稱為「女性皆很棒」效應（Women are Wonderful effect，簡稱WAW），這是社會學上對於女性的同情心特質賦予更高的評價，可能是從演化根本上女性負責養育的關聯性認同。

但是正如彭博商業周刊（Bloomberg Businessweek）在二〇一九年發表的某篇文章指出，即使我們對兩性都有正面評價，讓女性擔任領導位置，也不能保證一個符合道德、令人信服或運作良好的工作環境，畢竟女性與男性有著性別本質上的差異，才會造成只有少數女性能夠站在頂端位置。

重點不在於哪種性別在領導角色中表現更好，實際上男性和女性的傳統技能我們都需要，領導力是一種不分性別的能力，但是請努力辨別這些本能如何讓男性和女性感到威脅，無論是一個即將奪走我們身分地位的女人，還是一個沒有貢獻任何資源的全職父親，這些資訊將有助於阻止直覺引導我們走上危險之路。

在二〇一八年，我進行了一系列的實驗，要求握有權力的女性執行長參加內隱聯想測驗（Implicit Association Test, 簡稱IAT）[4]的其中一個版本，測量大腦將兩個概念建立關聯所需的微小時間差，例如，提到「沙子」或「太陽」，你可以很快地用「海灘」一詞作為回應，而不會是一個毫不相關的詞，比如「迴紋針」，這是因為你的大腦經過演化和文化的影響，已經將這些概念連結在一起。或許你某次在海灘接觸到沙子，大腦才會將沙子和海灘緊密聯想在一起，最終結果就是你可以快速地將沙子和海灘配對，可是配對迴紋針和海灘的速度顯然比較慢。這個概念可用來評估你的潛意識，並且測試一些較簡單的配對，在這個實驗中，我請女性執行長聯想與「家庭」（父母、孩子、手足）和「領導者」（老闆、執行長、權力）相關的詞彙，然後將這些詞語跟男性或女性臉孔進行配對。

實驗結果令我大吃一驚，這些有權勢的女性領導者中，高達百分之九十五的人將「領導者」與男性臉孔以及「家庭」與女性臉孔聯想起來的速度更快，這些身為領導者的女強人，怎麼會無法將與自己相同性別的臉孔與領導素質互相連結？

這一切要歸咎於性本能已深深塑造我們對性別的看法，使得邏輯思考不再適用於今時今日。

當我仍然對內隱聯想測驗的結果感到錯愕時，我在當地機場拿起一本商業書籍，試圖面對自己的偏見，上面的標題引起了我的注意，但當我發現封面上的是女人的名字時，我立刻失去興趣。這是一個令人糾結的認知，作為一個正在探討並撰寫這些實際偏見的成功女企業家，我出於本能地不看好另一位女性撰寫的商業書籍。

撰寫本書時，我認真地考慮是否要放上完整的作者姓名，還是要縮寫成R．海斯（R. Heiss），以防出現這些令人不適但確實存在的偏見。作為我聰慧的讀者，你是否以為在購買女性創作的商業書籍時，自己可以擺脫任何直覺性猶豫？但是科學研究發現，這些慣性直覺通常沒那麼容易被克服。

目前有一些針對顯著性差異（上方標註不同名字）的研究，透過相同履歷使我們得以了解這種現象。許多研究人員發現，即使求職者具有相同的資歷，擁有男性名字的應徵者會讓招募人員認為他們比看似女性名字的應徵者更有資格、更有能力且值得獲得更高的薪酬。

為什麼我們無法在職場上給予女性公平的待遇？讓我們再回頭看看數十萬年以來被選為男性和女性的特質。

二〇一八年六月，全球最大的會計師事務所之一，安永會計師事務所（Ernst & Young）陷入困境時，它替積極有為的女性領導者提供命名為「影響力／存在感／意志力」的培訓課程，這個訓練包含以下的提示：

- 服裝打扮一定要討人喜歡，但是禁止穿短裙。
- 女人要看起來健康、有活力且穠纖合度，並擁有「好看的髮型」和「修剪得宜的指甲」。
- 不要在會議中直接與男人辯論，這樣會被認為具有攻擊性。
- 與男人交談不要面對面，要交叉雙腿坐下後，用特定的角度面對他。

二〇一七年，即安永會計師事務所提供前述訓練手冊的前一年，谷歌解僱了一名軟體工程師詹姆斯·達莫爾（James Damore），他的內部備忘錄被稱為「谷歌的意識形態迴音室」（Google's Ideological Echo Chamber），在公司內部和全國各地的討論群組中引起軒然大波，達莫爾在備忘錄中指出，基於男性和女性的大腦模式，谷歌不應該花太多錢試圖招募女性進入工程領域，這似乎意味著男性更適合從事此類工作。

從表面上來看，安永培訓課程和向外洩漏的谷歌備忘錄似乎都非常令人難堪，不過我們值得退後一步去欣賞為這兩種觀點提供論述基礎的基本生物學。「影響力／存在感／意志力」訓練確實令人不快，女性被聘為工程師當然沒問題，難道不是嗎？我必須再次強調，這些令人感到不舒服的爭論都可能推理出最終的理由。

親愛的讀者，在你想起身反抗之前，請先聽我解釋。

女性們：我並不是要求你需要包容男人，並且竭盡全力去保護他們脆弱的自尊。

男性們：我並不是批評你們都很嬌貴，以至於無法應付有能力的女性所帶來的挑戰。

應該說，當我們了解性選擇是如何形塑我們的直覺時，這個訓練課程建議身為女性的我應該打扮得讓人另眼看待，或是不要在他人面前用挑釁的姿態去對待男人，事實上，別在其他人面前去挑戰對方是有道理的（至少在古代的環境是這樣）。

在理想的世界中，我們所有人都是想法開明的人類，依賴我們有意識、高層次的大腦來運作，如此一來，我們根本不需要那些荒誕、相互矛盾的建議，任何女性都不必為提升或確保自己的職業而迴避男性的身分地位。但是我也認為，沒有任何男性必須因為質疑女性所提供的雇用獎勵而被解僱，達莫爾的觀點並非立基於女性無法勝任這類工作，而是（平均來說）女性也不見得會喜歡像工程師從事的系統工作，我的重點是將他的論點放在常態分布人口的平均水平上，並非單一女性個體的能力無法等同或高於任何一位男性，而是以總人口的平均值來說，這樣的論點可以成立。

在撰寫這段內容時，儘管每年投入超過一億美元到多元計畫中，谷歌技術人員中的女性比例仍然只占一小部分（大約百分之十七・八），達莫爾的看法是，也許谷歌只是把錢浪費在一個不需要費心解決的問題，可能純粹只是男性和女性大腦差異所產生的自然狀態。

毫無疑問，我們的生物影響力並非憑空出現，社會化和性別文化規範是由我們的生物學特質所形成與強化的，有一項研究提出顯著的例子，當女性想起與性別有關的刻板印象時（例如女性在數學方面不如男性），她們在隨後數學測驗中的表現就會受到影響，老師、父母和同儕故意或不經意地重複這些刻板印象，無疑會深化這些生物學規則，並且使違反這些準則的自然天賦被摧殘或埋沒。然而，我發現最令人驚訝的是，我們透過宣傳和鼓勵更多年輕女性去從事理工科（包含科學、技術、程式、數學）的職業，以糾正一些社會問題，但是沒有用同樣的方式去鼓吹年輕男性投入家庭或幼兒教育的領域。

雖然我的用意並不是要隱藏存在於招聘方面的偏見問題（請參見前文：即使女性擁有相同的技能，她們依然得到不公平的待遇），或者在僱用、培訓、升遷、薪資方面都存在的成見，以及女性在職場上被看輕的許多其他議題，我們通常忽略這些偏見的最大根源之一，不是因為沒有足夠的女性可以被聘為工程師，而是我們對工程師的重視遠遠超過對小學老師的重視程度，至少在地位和薪資方面是如此，所以社會大眾讚揚我們積極鼓勵年輕女性追求傳統上以男性為基礎的行業，卻沒有同樣地鼓吹年輕男性去從事傳統上女性專屬的領域。

我們對傳統「女性工作」給予的金錢和地位等衍生價值，明顯少於傳統上由男性主導的職位，達莫爾指出谷歌不需要砸下數百萬美元來招募女性擔任工程職位，也許反過來說，我們應該用這筆錢來招募男性擔任小學的教職工作，畢竟男性小學教師的比例只有百分之十一，甚至低於谷歌女性技術人員的百分之十七・八，儘管有一些適當的計畫確實想要招募男性擔任這些職務，但是我們當然不會看到數百萬美元投入到小學的多元化措施中，教育工作的價值已經被極度地輕視，只因為傳統上這類工作與女性聯想在一起。

只要討論到性別，男性和女性之間向來是不平等的，這個現象從未改變過，作為一個群體，生物演化已經分別替我們塑造出在不同領域的才能，讓我們能互相協助。這裡需要特別澄清：這樣並不代表沒有單一個體的變異。

可惜的是，我們對那些超越性別框架的案例沒有特別關注，例如女性在谷歌可能是傑出的工程師，或者男性可以成為優秀的幼兒教育專家（更不用說那些非二元性別的個體），大腦會習慣性地將人們分類並貼上團體標籤（我們將在第五章中探討），因為我們生活在八十億人口的環境中，所以大腦讓我們可以快速地對大多數人進行平均分類，只是有時候我們可能會搞錯，可不可能有女性天生比任何男性更能成為優秀的技術人員和程式設計師？當然有可能。會不會有男性天生比任何女性更能成為傑出的照顧人員？毫無疑問。可是，我們目前的聘用和升遷規則很可能讓大腦的思考產生問題，因此錯過「標準法則」以外的特殊個案，我們無法辨別達雷爾（Darrel）是一個卓越的看護人員，因為大腦會迅速地按照男性相關特質對他進行分類，我們也不會把金（Kim）看作一位技術人員，而是當作一名女性，與其他所有女性依照常態分布曲線進行分類，即使世界上像金和達雷爾這類的特殊個案僅占全球人口的百分之一，依然表示我們錯誤地將一億六千萬人依照直覺性的性別準則來歸類，而非依照他們的實際技能。

儘管達莫爾的論點可能具有生物學上的優勢，仍需要進一步探討出更詳盡的理論，令人惋惜的是，谷歌對達莫爾聲明的回應竟然是立即中止他的聘僱合約，依我來看，這是公司所能採取的應對之中最差勁的做法。

當員工願意參與有挑戰性的對談時，將有可能改變原本的遊戲規則，如果我們從正面的意圖出發，並對此話題進行更全面的討論，那麼任何人都不該受到不利的懲罰，我們必須不再害怕探討似乎具有政治色彩或動機的話題，還要從科學的角度來展開討論。人們帶著自己的直覺、信念和思想來工作，**只要我們能夠將對方看作單一個**

體來互動，而不是放任大腦用簡單的分類法去貼上性別、種族或其他標籤，我們才有可能根據每個人的真實技能和能力來做出判斷，然而這些需要我們願意與矛盾且複雜的分類本能進行抗衡，甚至與打破規範的個體進行討論。

由於某些相同的原因，我花了很長的時間才能夠在多元的商業世界中表達自己的想法，因為我非常害怕說錯話，到底什麼樣的稱呼才算恰當：黑人、非裔美國人、有色人種？我該如何提到與社會規範不相符的性別呢？與絕大多數的其他人一樣，我沒有選擇捍衛或堅持立場，反而保持沉默。如今，我的生活以知名社會科學家布芮尼．布朗（Brené Brown）[5]的名言為信念：與其證明我是對的，不如落實正確的事情，科學不隸屬於政治，我要依循科學來發表看法，因為擔心受到懲罰而維持緘默，是個人（或組織）所能採取最有限且孤立的舉動，但是，對於感到無能為力的人來說，這是不得不選擇的策略之一，在極度恐懼的情況下，當沉默不再是生存之計，性別將扮演另一個重要的角色。

性騷擾——用笑容去承受

「等我年紀大了，一切便瞭然於心。」我甚至不曉得要了解什麼，或者在哪一個年齡階段，好像到了某個時間點，你就會「知道更多」，但是相較於仍在追尋適當年齡的人，我已經過了那個時機。

我是個專業人士，一個強壯、健美、身高一百七十七公分的女人，擁有一個博士學位，幾乎不畏懼任何人，或者說，身在美國南部的炎炎夏日，當我坐在一間餐廳裡，至少不必擔心我即將面對的事情。

我的手機響了，朋友告訴我他遇到塞車，可能會遲到約四十五分鐘，真糟糕！可是，比起被迫坐在筆記型電腦前面，只能吃著沾了莎莎醬的薯片，生活中還有更糟糕的事情，此時情況似乎已經開始好轉，一杯啤酒出現在我的餐桌上，是坐在餐廳另一頭的男子要請我喝的，我不愛喝酒，尤其不會在午餐時間喝，但是轉念一想：管他的！

我不想要顯得無禮，所以客氣地接受了這杯飲料，並且朝著請我喝酒的先生揮手致謝，然後故事到此結束，至少我這麼希望。

我坐著喝啤酒，繼續專心用筆記型電腦工作，沒注意到有人溜進來坐到我的座位旁邊，當我抬起頭來發現被送啤酒給我的那個人困住時，我感到非常震驚，不是感覺受到威脅，只是覺得驚訝。

我露出微笑，再次謝謝他，然後很快地回到工作上，示意我對進一步的聊天不感興趣，但是他靠得更近，開始對我說話，我用簡短的嘟囔聲回應，裝出沒有興趣的樣子，其實已經瀕臨不耐煩的界線，但我不想顯得沒禮貌，然而他依然不停地講話，接著他的手伸到了我的腿上。

現在我真的生氣了！

「不好意思，我現在真的很忙，感謝你的飲料，可是我需要工作。」這樣我應該已經說得很明白，但是我又預測錯誤了，他移動得更近一些，將我鎖定在座位旁邊的牆上。

故事到這裡先暫停一下，我想表明我並沒有感受到實際的威脅，我是一個身材高大且健壯的女子，如果我想要的話，可以推開這個男人，並且將他壓制在地上，但是通常這時候我的腦袋會冒出一個聲音，這是一個許多女人都知道的聲音，告訴我們：「要表現得體，別讓場面難堪，這個傢伙只是想請你喝一杯，不要傷害他的自尊心。」

這個時候，他的手回到了我的膝蓋，並且迅速往上移動，當我試著往遠處滑動時，我感到右大腿下方的塑膠椅子很黏膩，原來是汽水和莎莎醬悲劇地流到了我的皮膚上。

「不，請不要這樣，我有一個朋友隨時會到，我也需要工作，請你回到自己的桌子。」

現在他的手放在我的腰上，我的眼睛四處張望，試圖找到一個可以幫我脫離困境的人，我接觸到的每雙眼睛都閃爍著一種同情的瞭然神色，然後他們都快速地低下頭看著各自的盤子，沒有一個人願意插手這種情況，就像我原本不想讓場面難堪一樣。

我第五次或第六次將他的手從我的身體上移開，絕望地認清他不會停手的事實，我在心裡想放聲尖叫，對他輕浮的臉拳打腳踢，並且大喊：誰給你的狗膽？！我已經明確表示不歡迎你的侵犯，現在就給我走開！但是每次從我嘴巴發出來的聲音都用一種道歉的語調說：「對不起，你似乎聽不懂我的話，請不要再碰我了。」

我不想成為那種女孩，一個大吵大鬧的無助女孩，讓一個「只想表現友善」的男人感到尷尬，請相信我，我知道自己不會那樣做。

我的朋友最後終於趕過來，我一直傳簡訊跟他說明整個情況，儘管朋友在簡訊中催促我離開，我仍然坐在那裡，僵持在我的座位上，反覆地挪開這個陌生人討厭的雙手長達四十五分鐘，真的不誇張，整整四十五分鐘。

慶幸的是，我的朋友很快地解決這個問題，在那個男人似乎還沒理解請他離開的禮貌性要求之後，我的朋友直接將他從座位上拉起來，沒有暴力發生，沒有大聲喧鬧，只有我狼狽地紅著臉，責怪自己竟然需要別人來拯救，到底怎麼了？我的朋友沒有做任何我辦不到的事情，為什麼我無法像他那樣採取行動？

從那時起，我的腦海不斷重複播放那天的場景，把自己當作觀眾一般，我知道作為一個旁觀者，我可以像我朋友一樣趕走那個男人，對呆坐在那裡的女人英雄救美，但是相反地，我的行為與信念直接產生衝突，我的意思是，以前自己從未相信過這樣的聲音：女人永遠不應該傷害男人的自尊，或是女人不應該大吵大鬧。

可是顯然地，只有當那個女人是除了我以外的任何人時，這個情況才會成立，我表面上拒絕了這些思維，但是大腦所構築的事實卻產生巨大的矛盾。

從那個經歷之後，這個男人對我的生活再也沒有影響，他不是我的老闆，不是我的同事，甚至不是任何我可能再遇到的人，但是我仍然找不到捍衛自己的方法，想像一下，如果以下任何一個條件成立，整個情況將會變得多麼困難——假如他是我的老闆、主管或同事。

在自然界中，不受歡迎的性接觸是一件常見的事情，尤其是與男性的接觸，但是，在我們現在生活的世界中，當然是非常不能被接受的事情。隨著標記「我也是」（#MeToo）[6]和「到此為止」（#TimesUp）[7]運動揭露出更多職場上的性騷擾事件，我們要面對令人作嘔的提醒，身為人類的我們依然努力妥善地管理自己的性本能，除了造成人類尊嚴的損失外，甚至使各大企業付出巨額的金錢成本。

雖然有關性騷擾成本的統計數據早已過時許久，從一九九〇年代初期開始，聯邦政府工作環境的估計成本在兩年期間大約有三・二七億美元。不幸的是，儘管對「我也是」和「到此為止」之類的運動投入了大量的資源和精神，有關性騷擾的數據並沒有稍微減少，事實上，從二〇一五年到二〇一九年之間，公平就業機會委員會（Equal Employment Opportunity Commission）發現性騷擾費用每年增加百分之一〇・一。

全部費用包含性騷擾的情感和部分生理成本、鉅額的法律訴訟費用，重大的研究顯示會減少員工激勵、增加流動率及降低生產力，引起整個辦公室文化的漣漪反應，判斷失誤的性本能所產生的最終成本實在令人不容忽視。

因此，對於兩性之間投入資源差別的理解和重視變得尤為重要。

研究發現，男性大腦對於性方面擁有過度感知，從本質上來說，代表著男人認為女人通常比實際上更加喜歡他們，二〇〇三年發表在《人格研究期刊》（*Journal of Research in Personality*）的一個研究發現，當女人微笑或觸摸男人的手臂時，男人更有可能誤解成性挑逗的邀請暗示，這是性交本能在作祟，以確保男人不會錯過交配的機會，畢竟從演化學來說，男人寧願與一個有意願的女人生育後代，也不願付出更多代價去追求一個不見得有興趣的女人，無論是否受潛意識影響，這種過度感知的傾向經常導致雙方的溝通產生失誤，尤其是從女性的角度來看。

對女性而言，投入生育的資源在生物學上的成本非常昂貴（九個月是很長一段時間！），所以女人往往在選擇配偶時更加小心謹慎。

因此，讓我們來分析一下，當一個男人接近一個女人並表現出「性趣」時，如果她不感興趣，作為一名現代的女性會有哪些選擇呢？以下是她的直覺可能在不知不覺中會做出的評估：

1 **她應該拒絕他嗎？**二〇一八年的一項研究「預測男人對於被模擬約會對象拒絕性暗示的直接反應」顯示這不是一個好主意，侵犯和暴力是對性暗示被拒絕的常見反應。心理治療師傑米．格雷切（Jaime Gleicher）指出：「從很久以前，男人被教導要保護自己的男子氣概，當他們被拒絕時，便會感覺男子氣概受到外來威脅，他們會選擇為此而戰，作為重新證明自己氣概的方式。」對於男人來說，邀約被拒絕就像是將他的面子放在地上踐踏，也許女性要尋找更好的選擇。

2 **她應該逃跑，還是要將他打倒呢？**在充滿壓力的情況下，我們應該採取「戰鬥或逃跑」的反應，但是，由於男人往往行動更快、身體上更占優勢，這兩種策略都無法令人滿意。

3 她應該靜止不動、笑著打發對方嗎？我們的直覺通常會做出這一種選擇，這是為什麼呢？也許因為微笑是最自然且普遍的反應，才能面對社交上的不愉快，當你不確定如何應對時，微笑似乎是個不錯的選擇，這是一種順從和善意的指標，然而，優勢地位假說使這樣的露齒一笑有稍微黯淡的詮釋。

根據這個有力的假設，女性大腦在受到威脅時會引導露出微笑的原因，與權力動態有所關聯，作為社交和生理上較弱小的女人認為微笑可以表現出順從的樣子，以緩和這種情況，但是男性的大腦通常會被誤導和曲解，不認為她僅僅是在微笑，反而更有可能將她緊張的微笑當作對自己有興趣。

二〇〇一年一項具有啟發性的研究中，心理學家對一百九十七名女性進行了訪談，詢問他們如何應對不適當的工作面試問題，比如「妳會穿胸罩上班嗎？」和「妳覺得自己有性渴求嗎？」儘管每個女人都表示自己不會支持這種行為，她們卻出現完全相反的行為，當這些女性中一部份的人，在她們認為是真正的工作面試中面臨類似的問題，每個人都回答了這些問題，並且經歷了極度令人不舒服的過程，在後續的採訪中，每個女人都表示在求職面試中感到恐懼，但是臉上卻掛著笑容，發出沒有威脅

性的哀求信號

從自覺到行動：開創超越性本能的責任時代

我們應該超越性別的本能，並欣賞不同性別的奉獻，不必擔心失去我們作為價值貢獻者的地位，不同的交往意願永遠不應該令我們陷入困境，成為不情願的受害者或性騷擾的犯罪者。

那麼要如何開始介入深植於我們之中的本能？我認為關鍵在於首先要真正了解我們每個性別在高漲狀態下的行為。研究人員喬治・羅威斯坦（George Loewenstein）[8]將不同的生理狀態區分為「熱」或「冷」，「冷」狀態是指一個人具有理智而非情緒高漲的狀態，以上面的例子來說，指的是最初被問及在面試中遇到非常不恰當的問題會如何回應的女性，因為那些女人只是在假想這種情況，她們仍處於冷靜狀態，羅威斯坦認為冷熱自我之間存在理解上的差距，令我們難以協調，在「熱」狀態之下，我們無法想像自己的行為方式會與現狀有所不同，在「冷」狀態下同樣如此，例如，當我被困在那個餐廳座位時，我無法想像自己會反擊，但是今天坐在這裡，我無法想像自己怎麼不反擊，兩個自我就像兩個完全獨立的人一樣，無法相互理解在任何特定情況下使我們不知所措的強烈情緒。

事實上，當羅威斯坦團隊在實驗環境中測試男性的行為時，他發現被性慾喚醒（「熱」狀態）的男性更有可能鼓勵女性過量飲酒（以降低她對性交的抗拒），在酒精飲料裡面下藥，並且在她明確表示不要之後可能繼續逼迫她進行性行為，可是同一個男人若沒有被性慾喚醒或者是處於「冷」狀態下，反而會尊重女性的底線。

當我們開始觀察同時處於熱狀態（分別喚起性慾和恐懼）的男人和女人如何放棄他們冷狀態的邏輯時，危險情況的發生就變得顯而易見，看似會造成強大的戲劇性結果，但可怕的情況往往是由無關緊要的起因演變而來。請想想在上任何性騷擾課程時，你和同事有多容易不耐煩地翻白眼，當然，讓自己置身於此等妥協的情況中似乎很荒謬，但是我必須再次強調，請記住我們的理智自我很少會了解或者引起情緒高漲的行為。藉由突顯出冷熱差距的資訊來展開職場性騷擾的討論，可以明顯改變人們接受這些重要訓練的認真程度。

增加對於我們性本能的認知可以戰勝騷擾問題，大家都必須如同定義和重視傳統性別角色的方式來積極為自己的直覺把關。最近，我邀請一個由不同性別的公司執行長組成的團體來進行一個思想性實驗，我購買了十二本雜誌，任意擺放在桌子上，讓每個人都可以拿來翻閱，目的是透過閱讀這些雜誌來辨識不同的身分認同，以了解兩種性別：依據我們的文化，是什麼定義了女性或男性呢？我還要求小組中的每個人都列出他們最近消費的前五種領導力書籍或者線上有聲節目（podcast）[9]，作為這次實驗的補充資料，我們得到的結論非常明確：

1 女人是追求美麗、苗條和年輕的生物，針對女性的廣告主要圍繞著保養品、化妝品和育兒產品。

2 男人是追求地位、壯碩和財富的生物，針對男性的廣告主要圍繞著健身、奢侈品和事業發展。

3 所有與領導力相關的線上有聲節目、社群媒體知名人物和廣泛閱讀的書籍都是由男人製作或撰寫的。

我想澄清一點，我不是在宣揚那些創作出色內容的男人，在領導方面我們需要男性的聲音，但是不能做為唯一的聲音，即使我試著在谷歌搜尋領導力書籍的銷售排行榜來擴大研究範圍，列出的清單中高達百分之九十到百分之百的作者都是男性。我們必須主動跳脫單一領導觀點的盲目視角，如果我們打算干預性本能，就必須給大腦提供不同的資訊。

該如何實際操作呢？你可以刻意尋找與自己刻板印象相反的人，從對方所提供的內容中尋找所需的資訊，藉此在大腦中建構重新連結的框架，舉例來說，找到一位談論領導力的女性主持人，或者一位寫過有關家務、育兒或美妝書籍的男性作家。

然後，強迫你的大腦直覺形成全新的聯結和觀點，可以設計一個遊戲，請朋友、孩子、配偶和同事捕捉你是否使用了性別語言（例如，你會使用「女老闆」這個詞嗎？或者是「男老闆」？「女領班」或「家庭主夫」？），這不代表你行事必須小心翼翼，但可以幫助你認識自己可能無意間對某一個或另一個性別持有的聯想和刻板印象，你甚至可以督促自己試著辨別其他人的刻板印象。

有一個本能干擾遊戲可以更容易找到自己的盲點：請回想你最近與某人的互動，然後想像對方變成一個男人、一個女人、一個孩子或親戚，假如你不會更改自己的說話內容或方式，表示你已經跳脫性別框架，你也可以換個角度去觀察其他人如何與你互動，這裡有一個簡單的例子：我最近負責與一個主要由男性組成的團體進行訪談，而且事先與三個人有單獨互動，當作本能干預遊戲的一部份。

1 握手致意後，第一個男人評論道：「哇，真高興能與妳握手！」我心想，如果我是男人的話，他還會不會這樣說。

2 與另一個男人的交談中，我站了起來，他的反應是：「原來妳擁有一雙長腿！當妳坐著的時候，我沒注意到妳的身材這麼高。」這樣同時意味著潛在的性挑逗以及我的身高對他的地位構成威脅，我慶幸自己捕捉到了這些特點。

3 當我直接從同行評審的科學文獻中提出一項研究時，第三個男人打斷我說：「我明白妳要提出的觀點，親愛的，但是……。」他中途打斷我的說話，本質上已經破壞了我在這個主題上的權威，接著再加上「親愛的」就完全占據了優勢。

我不認為使用這些感嘆詞是重大的犯規行為，但是我們每天使用的語言和由此產生的聯想最後都會成為強化性別差異的循環。我們的大腦天生喜歡重複性的事物，只要接收訊息的頻率越高，受到消息影響的可能性就越大，當我們面對諸如性方面的直覺力量時，這類影響力很容易增強負面行為模式。

以我們可能都熟悉的刻板印象為例：金髮女郎。我們來玩一個小遊戲，我希望你想出一些傳統上與金髮有關的詞彙，請盡情地發想，如果你覺得有必要，可以寫下來，但不要作弊，只要迅速寫下浮現在腦海中的想法即可，我不會對你做任何評判，也不會僅僅因為你知道這個刻板印象而認為你對金髮持有偏見。

我猜測你可能想到了「無腦的」或「愚蠢的」之類的形容詞。

現在請聯想一些適用於金髮刻板印象的名人或人物。

當我與同樣的男性團體進行練習時，幾乎總是會得到相同的答案，包括歌蒂・霍恩（Goldie Hawn）[10]、潘蜜拉・安德森（Pamela Anderson）[11]、芭比娃娃（Barbie），想要猜猜看我從未聽到哪一個金髮人物的名字嗎？在我問過的數千人之中，沒有任何人回答肯尼玩偶（Ken doll），或者布萊德・彼特（Brad Pitt），或者符合這個問題的任何一位男性，我不認為你們對金髮抱持偏見，但是根據我多年來從數千名參與者那裡得到的反饋，我開始懷疑我們對女性抱有偏見。

回想一下剛才你寫下與金髮相關的負面詞彙的時候，現在檢視自己自然地將哪些相同的詞與女性連結在一起，例如愚蠢的、沒有頭腦的、輕浮的用詞，似乎更容易與金髮女性產生連結，但是不用過於責怪自己，因為不只有你會這樣想，我還沒遇見一個人（不論性別）會講出金髮男性的名字，這與受訪者的性別無關。當你將「金髮」改成「運動員」時，刻板印象也會朝著另一個方向開始發揮作用，祕訣在於開始意識到這些潛意識的關聯性，以便我們可以開始挑戰它們。

例如，與誇耀個人成就的男人相比，吹噓工作成就的女人通常得到更多負面的評價，而且被認為沒有足夠能力從事與工作相關的任務，這是我們應該尋找出來的關聯，並且要檢討自己做出的反應，當凱莉談論上次她和某個重要客戶的電話會議進行多麼順利時，我們的回應是不耐煩地翻白眼，還是像對待泰德一樣祝賀她呢？

在商業的世界中，女性發現自己經常陷入兩難，以下是我從諮詢過的女性中聽到的一些常見困難：

- 妳可以受人喜愛，但是會被認為不稱職。

- 妳可以成為能幹的女人，但是可能被許多人討厭。
- 妳可以展現女性柔弱的一面，但不能被視為領導者。
- 妳可以表現類似男子的氣概，但是可能被視為傲慢或自大。
- 妳的野心勃勃會被扭曲成跋扈專橫。
- 妳的靜觀其變會被認為無動於衷。
- 妳若不是一個差勁的媽媽，就是一個差勁的員工。
- 妳的形象若不甜美，就會變成尖酸刻薄。
- 妳不是一個討厭男人的女權主義者，就是一個討好男人的女性背叛者。
- 妳若是不漂亮，就只能是聰明的。

這份清單還能繼續列下去。

女性無法完美地達到以上狹隘條件所面臨的險境，甚至也出現在社群媒體的世界。二〇一九年，康乃爾大學（Cornell University）進行的一項研究發現，Instagram上的女性網紅由於過於誠實（例如分享個人感受或張貼素顏照片）或者過於虛假（過度美化照片或從不展示髒亂的房子），而飽受誹謗和騷擾之苦，這一項也可以加進困難清單。

那些沒有負責養家餬口而打破傳統印象的男人，同樣過得不容易，無所事事的爸爸們特別會淪為電視節目和電影的笑柄。二〇一三年的一項研究顯示，不是家庭主要收入來源者的男性更有可能因為焦慮症、失眠症和勃起功能障礙去尋求治療，另一個研究指出，這些人更可能發生婚外情，研究人員推測是為了維護他們受損的「男子氣概」所採取的本能性策略。

當你體認到有關自己性別的故事和關聯不斷重複時，可能很容易感到痛苦，但是我們確實有能力去運用這些知識，充分了解性本能影響我們的方式之後，我們就有能力邁入嶄新的責任時代。在現代環境中，我們不需要每天面臨生死攸關的威脅，當務之急是要積極挑戰性本能，並且想辦法阻止性本能以不適當的方式影響他人或我們自己。

有時，這意味著即使身為旁觀者，當目睹性騷擾或負面的性別順從言語時也要介入干預。我們都曾有過這樣的經驗：聽到珍妮特講一則令人感到尷尬的性別歧視笑話，卻不知道做何反應，在一家餐廳裡面看到一個男人對陌生人毛手毛腳，大多數的人都不敢直接上前解決問題，但是可以採用多種策略來應付性本能的負面影響，雖然終究會與犯罪者發生衝突，但是眼前的情況可能不適合直接與他對抗。以下每種策略都包含立即打斷違規行為，以確保每個人的安全，然後合適的人選可以在適當的環境中與犯罪者進行協調。

1 **運用幽默感**：心理學教授茱莉．伍德齊卡（Julie Woodzicka）建議你可以隨時準備一些笑話，訓練自己的大腦（並且向其他人傳遞訊息）表達你不贊成對方的語言和行為，例如：你可以再說一遍嗎？當我翻白眼時很難聽見你在說什麼。這種回應可以明確地向侵犯者表明你不認同他的行為，而且不需要大聲喊叫，儘管如此，我必須提醒你，這種策略的效果可能會受到限制，因為反諷的回應和以牙還牙的方式只能在相似的權力結構中奏效，比如同事對同事（不是老闆對下屬），而且可能讓情勢更緊張。

2 **突然改變話題**：利用伍德齊卡的策略，隨時轉移到不相干的主題上，例如，對於昨晚那場比賽你有什麼看法呢？或者，你注意到這幾天有多少輛紅色貨車經過嗎？話題的轉變不一定要合乎邏輯，實際上不合邏輯可能會更有效，這樣可以破壞形勢，迫使每個人再次恢復到「冷靜」的狀態。

3 **藉故將目標引開**：與其直接對抗或阻止犯罪者的攻擊，不如將注意力轉移到受害者身上，婉轉地說：「不好意思打擾了，丹，我需要你來會議室一下，可以占用你現在的時間嗎？」

我們干預自己或他人性本能的責任不僅止於終結騷擾問題，而是存在有關於性別框架的眾多事件中。作為女性，我們不能繼續將彼此當成競爭對手，儘管這可能不是我們任何人都會遇到的故事，但是它確實在招募過程中經常出現。近期的一個研究發現，女性雇用另一位迷人女性的可能性會減少百分之三十，其中一個原因可能是女性會本能地運用她們的外貌來爭取男性的注意力（換句話說，炫耀其生育價值以換取男性的保護或資源），我從未聽過人力資源主管坐在求職者對面，並且說：「嗯，雪洛，妳具有充分的資格來擔任這個職位，而且我認為妳可以適應這裡的文化，但是有一個問題，妳有點太吸引人了，這裡的男人是我潛在的交配對象，妳卻奪走了他們在我身上的注意力，所以我無法雇用妳。」但是，這的確是經過很多研究證實的隱藏性偏見。

身為領導者，我們如何確保建立一個不分性別的最佳團隊？除了增加對性別規範的認識之外，借助專業工具可能會有幫助，有多家公司提供的服務可以消除工作說明和履歷中的偏見性資訊，以確保求職者獲得公平的第一印象，不受到他們性別和招募職位的影響。

有一家名為跨越鴻溝者（GapJumpers）[12]的軟體開發公司最近發現，只有百分之二十的體格強健、非白人男性求職者可以參與第一輪面試，但是，當履歷中可能存在的偏見元素被隱藏時，這個數字會攀升至百分之六十，很多時候，這是我們大腦產生的捷徑，導致我們錯過許多找到合適人選的機會。舉例來說，招募人員急於聘用一位具備鷹級童軍（Eagle Scout）[13]身分的應徵者，是由於對「鷹級童軍」的技能感到興奮，還是下意識想要雇用一位男性領導者呢？招募人員的用意很可能是正確的，但是如果不以童軍所需要的相關技能取代「鷹級童軍」的頭銜，我們的大腦容易投機取巧，並且用偏好男性的眼光在挑選應徵者，研究持續發現，在類似的履歷中，女性比男性獲得面試的可能性低於百分之四十。

在一個擁有一定學術聲譽的研究中，美國管弦樂團在一九七〇年代和一九八〇年代開始使用「盲選」方法，候選人會在一道屏幕後面表演給評審團聽，研究人員認為這個簡單的解決方案讓女性晉級決賽的可能性提高了百分之五十。即使現代化的辦公室中不一定能提供這樣優雅且簡單的方法，在面試過程中使用變聲軟體已經變得越來越普遍，以避免輕微或不易察覺的性別偏見。

聽起來似乎有點愚蠢或極端，但是有研究發現，低沉的聲音被認為更有能力且值得信賴，使聲調較高的女性面臨另一個障礙。

傳統面試可以用什麼更好的辦法呢？不如讓求職者實際操作他們應徵的工作吧！跨越鴻溝者發現，如果讓應徵者在揭露性別之前，透過完成與工作相關的任務來競爭，表現優秀的人之中，將近百分之六十是女性應徵者。

夥伴的力量

我們都受到性本能的束縛，但是不代表我們一定會成為受害者，實際上，我們有大好機會可以藉由彼此結盟來介入我們的直覺，以幫助消除性別偏見。此時，如果你要求任何一個女性說出自己的三個優點，或者她在本週工作中取得的三項驕傲成就，你可能無法得到任何回應，從以前到現在，女性不會因為表現優異而獲得獎賞（除了她們的美麗），更何況彰顯地位的成就肯定會對以前的男性（因為地位是男人的競爭目標）構成挑戰，只有謙虛是女性可以追求的美德。可想而知，女人一旦表現出自信心或自誇成就，就會違反性別規範，她們在工作場所中將遭遇強烈的批評聲浪，研究性別規範的心理學教授科琳．莫斯拉庫辛（Corinne Moss-Racusin）發現，談論自己成就的女性通常不得同事的喜愛，獲得較少的薪水，而且不容易得到升遷的機會。

另一方面，那些由於表現出脆弱、同理心和謙虛而破壞性別規範的男人，也會被同事惡意地評論為資質和能力較差的人，其他的研究顯示，相較於具有傳統男子氣概的男性同事，個性溫暖、貼心且友善的男人能夠賺到的錢會大幅地減少（平均減少了百分之十八）。

找出表現謙卑和同情心且能力卓越的男性和女性，應該是任何企業組織建立互助合作氛圍的根本（我們將在第五章中探討這個主題）。

我通常會跟合作的領導者與組織分享一種解決方案：鼓勵大家與擅於誇讚他人的夥伴親近，表示公司支持任何人的成就地位，無論是什麼性別，為了防止女性因為誇耀自己的成就而遭到排擠，應該由組織中的另一個人代表她分享這些成就，這樣一來，她的價值將會得到認可，而且不會產生負面影響。

同樣地，善於誇耀的夥伴可以與其他人分享，打破性別偏見的男性同事如何用他的謙遜幫助公司節省支出或贏過競爭對手，防止他因為不在性別框架內的行為而被貶低地位，自吹自擂的夥伴替組織文化轉型提供了關鍵性的機會，讓不符合性別角色的人也能夠因自己的成就而獲得尊重和關注——不僅在工作環境中，甚至在整個廣大的社會中。無論在社交活動或親朋好友的旅遊中，依靠誇耀夥伴可以幫助我們超越性別規範的直覺，然後開始為個人成就慶賀。

每當我想起打破世代相傳規矩的曾祖母時，無可否認地，在短短的一百年裡面我們已經歷了許多變化，但是，我們必須體認到生物機制仍然在阻礙大家進步，無論是男是女，自我覺察是負起責任去干擾該本能的第一步。

本章重點摘要

了解自己的「熱」或「冷」情緒狀態可能如何影響你自己或其他人的決策。

請求你所信賴的人，每當聽見你使用性別語言，就要提出警告。

嘗試閱讀更多由女性撰寫的書籍和女性主持的線上有聲節目，以挑戰你對領導力的看法和定義。

積極尋找男性創作關於育兒和家事的書籍和線上有聲節目。

學習辨別你可能誤解的性暗示。

運用輔助工具來隱藏求職者的性別，以減少整個招募過程中的性別偏見。

搜尋並借助誇耀夥伴的力量。

如果發現可能是性騷擾的情況，請試著去干預。

檢視你們公司的性騷擾規定，確保其中涵蓋了其中一方不為所動的文字。

當尋求性伴侶時，請記住微笑不代表同意，若另一方顯得不知所措，請給予一些時間和空間，等對方願意與你進一步。

如果你無法採取任何作為，請了解這是生物本能正在保護自己，試著讓自己從無法做出更多反擊的自責中解脫。

註釋

1 人事心理學（Personnel Psychology），是工業心理學的一種，主要運用心理學的原理和方法處理人事管理問題，其目的在於充分利用人力資源，促進組織目標的實現，維持組織的生存和發展，此處指的是刊登這類研究的期刊。

2 詹格福克曼領導力顧問公司（Zenger Folkman），於西元二〇〇三年由約翰·辛格（John H. Zenger）和喬瑟夫·弗克曼（Joseph Folkman）所創辦，是一家領導人培訓顧問公司，以大量數據的統計分析協助發展領導力模型，進而提高企業員工績效。

3 皮尤研究中心（Pew Research Center）建立於二〇〇四年、位於華盛頓特區的一間民調機構，專門統籌分析影響美國乃至全世界的議題、態度與趨勢的資料訊息。

4 內隱聯想測驗（Implicit Association Test），由安東尼·格林華德（Anthony Greenwald）創建，用來測量人們面對螢幕上的刺激時，手敲鍵盤的反應速度，後來延伸為發掘人們隱藏性偏見和態度的工具。

5 布芮尼·布朗（Brené Brown），知名學者、暢銷書作家，她花了十二年時間研究人類心靈的脆弱、勇氣、價值感以及自卑感，二〇一〇年在TED發表演說：「脆弱的力量」（The Power of Vulnerability）是TED網站上最受歡迎的演講之一，著作有《脆弱的力量》、《我已經夠好了》、《勇氣的力量》、《做自己就好》等書。

6 #我也是（#MeToo），是二〇一七年十月著名製片人哈維·韋恩斯坦（Harvey Weinstein）性騷擾事件後，在社交媒體上廣泛傳播的一個主題標籤，用於譴責性侵犯與性騷擾行為。

7 #到此為止（#TimesUp），是一場由好萊塢藝人於二〇一八年一月一日成立的反性侵犯活動，呼籲參與第七十五屆金球獎的女性身穿全黑禮服走紅毯，以響應抵制性侵犯和性騷擾的活動。

8 喬治·羅威斯坦（George Loewenstein），卡內基美隆大學（Carnegie Mellon University）經濟心理學家，他認為每個人有所謂冷（cold）和熱（hot）的狀態，人很難預測自己在不同狀態之下會如何反應，稱為「同理差距」（hot-cold empathy gap）。

9 線上有聲節目（podcast）是由兩個英文單字「ipod」和「broadcast」所組成，為一種聲音節目的統稱，節目主持人可以事先把音檔錄製好，並將其放在Podcast平臺上，供大家下載聆聽。

10 歌蒂・霍恩（Goldie Hawn）生於一九四五年的美國女演員，剛開始當演員時都接到金髮傻妞的小角色，一九六九年得到奧斯卡最佳女配角後，才開始擔任許多喜劇電影的主角，曾經登上《花花公子》的封面。

11 潘蜜拉・安德森（Pamela Anderson）一九六七年出生的加拿大演員，同時為《花花公子》的模特兒，以碩大的隆胸引人注目，被稱為是九〇年代的性感符號。

12 跨越鴻溝者（GapJumpers），二〇一三年創立於美國舊金山，致力於開發能夠準確評估員工職能和公平招募人力的科技工具，以協助企業組織消除盲點和偏見。

13 鷹級童軍（Eagle Scout），是美國童軍的階段計畫中所能拿到的最高成就，必須取得至少21個功績布章。

3 CHAPTER

多樣性

「極簡」帶來出乎意料的滿足

樂高的教訓

請花點時間回想一下那些擁有高營收且深具影響力的品牌和公司，你可能會馬上想到一些品牌龍頭：蘋果（Apple）、谷歌、亞馬遜（Amazon）、法拉利（Ferrari）、樂高（Lego），好吧，也許玩具公司並不會出現在你的清單中，但是在二〇〇八到二〇一〇年期間，身為塑膠積木玩具生產商的樂高集團賺取的利潤比蘋果還要多，到了二〇一五年，他們甚至超越法拉利，成為全球最有影響力的品牌。樂高捲土重來的故事可能要追溯到二〇〇三年，當時公司負債了八億美元。

從一九三二年成立到一九九〇年代後期，從未出現虧損的公司怎會衰退得如此迅速？但或許更重要的是，他們如何奇蹟般地起死回生？

九〇年代後期的顧問曾經對樂高的管理高層建議，說公司需要多樣化，並堅信傳統積木組合已經不符時代潮流，為了落實這個建議，樂高開始增加積木的種類，創造出高度專業化組合所獨有的複雜零件，顏色從經典的紅、黃、藍三色，擴展到多達五十種調色；該品牌甚至開始銷售衣服、珠寶和一系列電動遊戲，除此之外，樂高也花費數百萬美元建造並經營多家主題樂園，這些與樂高以往的塑膠射出積木組合完全沒有任何相關。透過努力迎合每一個市場，他們將事業發展得過於分散，到了二〇〇〇年，樂高宣布虧損了三千六百萬美元，此時的核心事業變得混亂不堪且良莠不齊。

樂高副總裁約恩・維格・納斯托普（Jørgen Vig Knudstorp）於二〇〇三年得知公司陷入危機，然而他卻沒有想要掩蓋事實，他告訴同事們：「我們正面臨生死存亡的關頭，所有現金都快用完了……而且可能無法生存下去。」這對董事會來說不是個鼓舞人心的訊息，但是他有個計畫，正如負責樂高品牌行銷的品牌諮詢公司（Interbrand）團隊成員賽門・科特雷爾（Simon Cotterrell）在二〇一七年的《衛報》（*The Guardian*）採訪中所說，該計畫旨在提醒該團隊的根基，以及當初讓他們強大的原因，持續的委外業務和不斷擴大產品多樣性並非樂高成功的關鍵，他們需要回歸到以往將業務內容簡化，並著重於產品的品質，而非種類。

如同科特雷爾所描述，當時的想法是「我們是工程師，我們知道自己擅長什麼，應該要堅持本行，這是一個非常勇敢的決定，許多公司都會在這方面犯下錯誤，因為他們不明白這一點——有時忍痛放手比死纏爛打好。」

但是「放手」的確是維格．納斯托普打算做的事情，他大幅減少了樂高沒有專業經驗的部門，出售了主題公園和電動遊戲，並且將樂高生產的單一產品種類數量從一萬三千個減少到六千五百個，簡化了原本多樣的產品類別，不久之後，樂高終於起死回生。

這個故事的寓意在於：僅僅因為你有能力做某事，並不代表你就應該去做，雖然聽起來有點陳腔濫調，卻能幫助維格．納斯托普和樂高團隊的其他成員度過難關，最終連顧客也能受惠。

出乎所有人的意料，太多選擇竟會給無數人造成巨大的焦慮、不滿和決策癱瘓，**事實上，你的多樣性直覺很可能是導致生產力下降、失敗的關係，或是對一切感到不滿的原因。**大多數的人都會陷入和樂高集團相同的惡性循環之中，而忘記了當我們專注於自己的強項時，可以擁有多麼強大的創造力和生產力；不過，有一些簡易的策略可以干擾這種本能，同時發現我們的大腦如何將少數資源想像成無限選擇的真相。

立即回饋的環境：探討吃掉棉花糖的背後原因

每天早上，當我們的祖先醒來時，他們要面對各種二元性選擇：我應該離開安全的洞穴，還是留在原地？今天我應該外出打獵，還是忍一忍，餓一下肚子？他們有足夠的時間根據環境來評估選擇並得出完善的結論，我們的祖先生活在能夠立即得到反饋的環境，他們每分每秒做出的抉擇，皆以容易衡量的形式在短時間內影響他們的生存和壓力。

我餓了，所以我要吃掉這一大塊肉。

我渴了，所以我要去找水源。

我覺得很冷，所以我需要找到溫暖的庇護所。

在高度無法預測的環境之下，由於選擇有限，因此立即性的決定確實合理，尋找庇護所或食物之類的行為會帶來即時的回饋，無論好壞。

「我餓了↓我要吃掉這一大塊肉↓我吃飽了」，抑或「我餓了↓我要吃掉這一大塊肉↓我覺得身體不舒服↓我不會再吃任何放在地上的肉↓我要去打獵取得新鮮的食物」。

在祖先的環境中會得到立即的反饋，也就是說，我們在做出的決定那一刻，馬上就會知道結果好壞，是充分活在當下的典範。這是個優秀的本能，讓人能夠適應多變的環境，當事情隨時可能有變化，或是變化幾乎無法預測時，思考遙遠的未來便顯得不切實際。

科學證據顯示，在青少年必須面臨早期死亡的不確定性和高風險環境中，同樣的進化機制迫使青少年懷孕機率偏高。麥克馬斯特大學（McMaster University）的研究人員馬戈．威爾遜（Margo Wilson）和馬丁．戴利（Martin Daly）觀察，在一九八八年到一九九三年期間芝加哥各社區之間兇殺率的變化，某些社區的兇殺案數量是其他社區的一百倍，威爾遜和戴利的研究發現，當兇殺率較高時，當地婦女的生育年齡會顯著降低，也許是由於未來的不確定性以及日後再生育的可能性降低。

「棉花糖測試」為一九七〇年代在史丹福大學（Stanford University）進行的一系列知名實驗，主要測試小孩子克服衝動和立即回饋決策的能力。實驗人員向三到五歲的受試者提供一顆棉花糖，告訴他們，如果沒有吃掉棉花糖，之後就會拿到兩顆棉花糖或椒鹽捲餅（依照他們的喜好）作為獎勵，接著，實驗人員離開房間一陣子（最多十五分鐘）後才回來。

能夠延後滿足自己的孩子獲得了兩倍的回饋，只有少數兒童立刻吃掉棉花糖，立即滿足的孩子與延後滿足的孩子，兩者之間主要的差別在於他們對**環境穩定性**的看法。

值得參考的是，長大後擁有較低社經地位和信任感（所有因素顯示他們認為環境穩定性較低）的孩子，絕大多數當初選擇在實驗人員離開後馬上吃掉棉花糖，他們似乎不期望能夠獲得獎勵的未來，所以決定吃掉他們眼前的甜食，他們的立即回饋決策可能像這樣：

現在房間裡面有一個我可以吃的棉花糖↓我可能再也沒有機會吃這個棉花糖↓所以我現在要吃掉它。

當生活沒有太多保障時，未來的投資風險也會升高，這些孩子是根據當下已知的環境來進行活動，換句話說，他們的生存本能掌控了一切。

二〇一一年針對棉花糖實驗原始參與者的追蹤發現，能夠延遲滿足的那些孩子比選擇立即滿足的孩子有著更活躍的前額葉皮層——即使已經過了四十年！

這個結果顯示，能夠延遲滿足的孩子是以認知能力在進行活動，凌駕於他們的生存本能，後續的研究發現，可以延後報酬的孩子具有更高的SAT[1]分數、更健康的身體質量指數（Body Mass Index，簡稱BMI）和更長的預期壽命。

如果我們有能力相信在短時間內就能得到回報的情況下，去超越生存本能的反應，為什麼會導致失敗？為什麼大腦要持續破壞我們追求長期成功的渴望？首先，立即的滿足會帶來良好的感覺，這是因為大腦會分泌多巴胺（dopamine），從決策到獲得獎勵之間的時間越長，為了以後獲得更好的回報，你的大腦做出「正確」選擇的難度就越大。

想想你近期試過的節食法，頭幾天你可能會全心投入，但是隨著熱情逐漸消退，到了第三天，當你站上體重計，卻沒得到數字下降的立即報酬，或是仍然感覺褲頭很緊時，預期的時間變得太長了，以至於無法等到延遲的滿足，因此我們開始自我辯護，何不乾脆吃下那個貝果？反正我吃或不吃看起來好像也沒有差別啊；那筆資金要如何處理呢？我一直存錢是為了上大學、找份好工作，又或是買間房子，但是錢一直擺著也沒有用啊！或許我該拿去買輛車？還是計畫一趟旅行？

你的選擇和環境的可預測性密切相關，如果有可靠的資訊顯示，等待可以帶來更高的報酬，那麼大多數人都能順利駕馭短視近利的大腦，然而，還有另一個因素會促使我們放棄等待未來的報酬：當選擇範圍擴大時，想要戰勝以生存為本、喜歡即時獎勵的大腦將會變得更加困難重重。

假設我給你布朗尼蛋糕作為甜點，你客氣地拒絕了，但是我接著提供你自助式餐點，那裡不只有布朗尼蛋糕，還有派、餅乾、蛋糕、糖果和冰淇淋，如此一來你非常有可能沉迷於各式各樣的甜點之中，甚至辯稱自己選擇的餅乾至少比我給你的布朗尼蛋糕更健康。無法抗拒甜點不代表個人的失敗，而是因為我們的大腦不是為處理延遲報酬的決策而設計的，尤其在選擇特別多的時候；對任何一件事情說「不」或「好」已經很困難，但是隨著種類增加，現在你不只要拒絕一種甜點（一個夥伴或一個工作，抑或其他任何你能想到的選項），而是要對該類別涵蓋的每個選項都說「不」。請回想我前面提到的例子，在高度不可預測的世界中，我們的祖先擁有受限的選擇：

「我餓了↓我要吃掉這一大塊肉↓我吃飽了」，又或是「我餓了↓我要吃掉這一大塊肉→我覺得身體不舒服→我不會再吃任何放在地上的肉→我要去打獵取得新鮮的食物」。

在以前的環境中，我們可以輕易做出決定，部分原因是由於**選擇有限**。想像一下，如果前述情境變成有各種肉類可以挑選，吃下之後感到不舒服又會如何？你會冒著風險吃肉還是出去狩獵？還是改吃吃看另一種肉類呢？假如每種肉都會讓你生病，又或是選項變成漿果？如果狩獵時你可以選擇使用弓箭、槍、陷阱、毒藥或十字弓箭，而且你曾經用火藥成功獵到大型動物，但是有時卻無功而返，又該怎麼辦？當你擁有多樣選擇時，決策過程立刻會變複雜，純粹是因為多樣性本身就是一種可立即獲得的愉快經驗，簡單地說，我們的大腦就是追求這種快樂！

現代的選擇

對於祖先來說，多樣性是件好事，他們需要這個本能來確保不會把所有雞蛋放在同一個籃子裡（從繁衍的角度來看，該策略確實沒錯），並且採用一個最佳的飲食組合以滿足所有的營養需求，由於選擇不多，加上馬上會從環境中得到反饋，使我們的祖先可以享受且快速了解多樣性的好處。

但是，以前人煙稀少的環境與如今繁忙的都市生活完全不同，在這裡，隨便走到附近一家速食店就能有數百種選項，或是在手機應用程式上滑一下就可以認識新伴侶，又或是在工作決策中，必須先確定哪些項目需要立刻關注，哪些不需優先處理，在一個幾乎充斥著無限選擇的世界中，許多決策通常無法看到立即的結果，讓我們頓時面臨到真正的挑戰。

實際上，每個人每天平均要做出三萬五千個決定。想想你醒來的時候：我應該關掉鬧鐘的貪睡裝置嗎？要健身運動嗎？要吃燕麥片還是燕麥圈圈餅呢？想吃多少顆雞蛋？要搭起司嗎？哪一種起司？要加橄欖油還是酪梨？也可以用奶油；我的咖啡要加脫脂牛奶還是杏仁奶？

康乃爾大學的一項研究發現，我們每天必須針對食物做出兩百二十七個決定，而且直覺對我們沒有任何幫助。請回想你曾經很想吃冰淇淋的時候，一旦克服了想要什麼口味這個難題，剛入口那種清涼、濃厚、甜蜜的迷人風味令人有重生的感覺，實在太不可思議！可是，當你吃完了甜筒餅乾之後，可能就沒有那麼喜歡這種味道，主要因為我們天生具有「感官特有的滿足感」，這是一種觸發我們「獲得營養後繼續尋找下一個」的機制，因此你會說：「這個我已經吃膩了，菜單上還有什麼其他選擇？」

這個機制對我們的祖先很有用，因為可以驅使他們攝取各式各樣的食物，而不僅僅是依靠藍莓生存；但是同樣的情況到了現代又會如何呢？在香草甜筒之後，我們可以繼續吃巧克力口味嗎？或者焦糖口味嗎？喔，還有薯條呢？

我們追求多樣性的本能非常強烈，研究人員發現，當人們有多種選擇時，往往會攝取四倍以上的食物，口味甚至不須有什麼變化，形狀各異的麵食也能激發吃下更多食物的動力，因為我們的嘴巴喜歡各種口感！

可是，我們偏好多樣性的本能不僅限於食物，我們在工作中所面臨的選擇、專案以及看似無窮無盡的任務，最終可能使我們無法做出明智的選擇，或者根本無法做出任何選擇！

你是否經常坐在辦公桌前，看著一張那天必須完成二十件事的清單，卻浪費了早上第一個小時，做事拖拖拉拉，又或是陷入決策癱瘓？你完全不知從何開始處理，導致遲遲不動手。

同樣悽慘的是，當我們試圖同時進行好幾項任務時，會試著處理待辦清單上的每個事項，同時要處理電子郵件中冒出來的每個請求，我們不停地從這個任務跳到下個任務，努力完成每一件事情，但是同時處理多項任務本身就是一則神話；麻省理工學院的神經科學家厄爾・米勒（Earl K. Miller）直言不諱地說：「多工處理對於人類來說是天方夜譚。」嘗試執行多個任務時會犯下更多錯誤，我們會缺少創意，還會讓生產力急遽下降；人類無法像機器一樣運作，因為我們的認知寬度有限，即便我們都希望自己可以全部吸收，然而有時設下限制可能還比較好。

實際上，領先的研究證實，**建立預算和時間期限等約束條件，可以確實提高我們的創造力，以及增加為解決問題和設計或製造產品所開發的解決方案數量，限制可能性可以幫助我們的大腦專注，並且大幅度地提升創造力，與其讓你的專注力分散於各式各樣的日常任務，應該要透過限制特定活動、網路搜尋或腦力激盪的時間，在工作中建立限制條件。**

在古代的環境中，「選擇」通常是個正面積極的選項，因為它代表著一定程度的豐富性和可預測性，也許這就是為什麼當二〇一九年冠狀病毒病開始大流行的時候，一看到商店的貨架上沒有衛生紙和麵粉等必需品，我們會如此恐慌的原因，它象徵著我們原本認為穩定安全的環境已經發生了巨變。但是，出乎預料地，在沒有疫情造成短缺的情況下，現代環境中充斥過多選擇有時會產生焦慮的心態，而非幸福的感覺；「決定」（decide）和「殺人」（homicide）這兩個英文單字在詞源學上有一個共同點：殺死或切開（Caedere），扼殺或減少選擇，對人類來說可能極度痛苦，即使我們擔心無法做出正確抉擇而決定不了任何事情，我們依然討厭機會受限，在這樣的思維之下，機會必須經過權衡，任何一個決定都要承擔放棄另一個的機會成本；儘管我們對多樣性的渴求是無限的，我們管理多樣性的能力卻是有限的，一旦面臨太多選擇，我們經常無法做出決定。

更糟糕的是，即使我們做出了決定，與眾多選擇比較的結果永遠不會令人滿意。哥倫比亞大學與史丹福大學合作的一項研究中，研究人員發現，當受試者擁有二十四到三十種選擇時，他們最終的滿意度明顯低於只有六種選擇的受試者。

我們對選擇錯誤的恐懼可歸結為簡單的數學運算，當只有兩種可能性，我們有百分之五十的機會做出「正確」的選擇，或者如果我們認為兩種選擇都能產生正面的結果或相等的價值，機率甚至可能會高於百分之五十；然而，當選擇範圍擴大到包含二十種選擇時，我們做出「正確」選擇的機率瞬間下跌到僅僅百分之五！雖然這個運算顯然不是一個完美的算式，我們的大腦的確如此看待選擇這件事。我們容易聚焦於失去的機會，而不是享受目前做出的選擇，使我們停留於長期的不滿狀態，驅動了不斷追逐下一個閃亮目標的原始衝動。

當你陷入尋找鮮綠草地的享樂循環中，你註定會以失敗收場；在現代社會中，只需要按一下滑鼠，就可以找到下一個或更好的工作、房子或伴侶，我們卻一步步墜入不快樂的深淵。

我依然無法感到滿足：豐富的悖論

根據蓋洛普（Gallup）[2]的報告，大多數美國人（百分之五十二．三）對工作感到不滿意，令人難過的是，許多針對工作滿意度的調查都得到不太樂觀的結果，自從美國經濟諮商會（Conference Board）對工作滿意度進行初步調查，並且在一九八七年發現最高水平以來，我們一直持續往不滿的方向下滑。但是換工作真的會帶來更多滿足感嗎？除非我們能說服熱愛多樣性的大腦，「更多」的選擇不見得會成就「更好」選擇，實際上，我們絕大多數人都在追求不同的工作、更好的車子和更有吸引力的伴侶，這一切都是為了尋找更多且「更好」的選項。

思考一下整個國家對收藏品的癡迷，儘管科學不斷證明，人們經常因為擁有太多財產而無法承受或感到沮喪，我們依然以前所未有的速度進行購買和消費。對於我們的祖先來說，擁有各種財產代表擁有地位和力量，並且表現一定的安全和穩定，就像能夠抵擋誘惑、沒有馬上吃掉棉花糖的孩子展現健康富足的心態一樣，那些能夠維護所有事物的祖先也證明了他們有能力在立即回饋的環境生存下去。可是我要再次強調，祖先生活的環境比我們目前居住的消費世界擁有更稀少的資源，獲取和炫耀這種財富的本能替擁有最多財產的人帶來極大的好處。

如今最令人感到諷刺的現象是，我們的書架塞滿了近藤麻理惠（Marie Kondo）[3]標榜如何收納整理的最新書籍，卻很少有人真正落實書中有益的建議，我們喜歡簡單的想法，但是多樣性本能卻有礙我們去執行。

多樣性本能出錯的另一個例子：將近百分之五十的婚姻以離婚收場，對於將豐富的悖論作為前提來尋找伴侶的人來說，這並不是一個值得驚訝的統計數字，令人震驚的是竟然有百分之五十的婚姻實際上會繼續維持！雖然婚姻制度在一三〇〇年代開始盛行，對於停留在石器時代的大腦來說，仍然是一個相對較新的概念，因為一夫一妻等同嚴格限制了交配的機會。

柯立芝效應（the Coolidge Effect）起源於一個著名的事件，當天美國的柯立芝總統與其夫人正在分頭參觀一間養雞場，柯立芝夫人注意到公雞追逐多隻母雞時表現出來的活力和興奮，根據新聞報導，她要求導覽員一定要向柯立芝先生告知這個事實，當天下午當導覽員將這個資訊轉達給總統時，他回應道：「告訴柯立芝夫人，那裡不只有一隻母雞。」這個故事的重點是：多樣性本能會特別驅使男性（但女性也如此）經常尋找機會跟主要伴侶以外的人交配，一個女人和一百個男人交配，只能繁殖一個後代，而一個男人與一百個女人交配，具有繁衍一百個後代的潛能，我們的生物機制甚至會提供獎勵：大量研究顯示，當男人有更多配偶外交配時，射精量、精子活動力和受孕的可能性都會增加。

男性尋求各種伴侶的傾向是眾所周知的，但是女性這樣做有什麼生物學上的原因呢？混淆親子關係是一種戰略，女人過去習慣利用這種優勢從多名男性獲得資源和合作，如果沒有現代的親子鑑定工具，一個男人確定孩子不是他的唯一方法就是他還沒有跟孩子的母親交配，親子關係的混淆也是一種女人可以說服多個男人照護她後代的策略，如果男人不確定是不是他的孩子，他更有可能提供保護和其他資源，以幫助他的潛在遺傳後代。

因此，在遠古時代，與多個對象交配對男女雙方都有好處。可是，如今我們生活在一個擁有八十億人口的世界，不僅擁有無限的選擇，而且也更容易找到潛在的伴侶，有些約會軟體誇張地宣揚他們的會員每秒點擊超過一萬六千次！如此驚人的選擇已經讓我們的大腦過度興奮，如果我們最終能夠與其中一個網站的對象配對成功，其他人也都能辦到，這樣的現況減輕了我們可能面對損失規避的痛苦，但是，藉由「敞開大門」（讓其他人可以進來）的做法，我們永遠不會全心全意地對待選定的伴侶。

更多的配對（在手機交友軟體上向右滑動就能看到更多新對象）永遠觸手可及，而且潛在伴侶的資料庫幾乎深不見底，選擇的多樣性使得人們更容易陷入追求更好（我至少不同）事物的享樂主義，我們錯誤地認為，下一個將拯救我們，下一件事情將會變得更好，下一個夥伴、專案和工作將帶來真正的幸福，這些只是「石器時代」大腦引導你依照過時的直覺行動。

最佳化可能大幅減少我們實際成功的機會

已故的行為經濟學家赫伯特・賽門（Herbert Simon）[4]認為，我們傾向於將其他選擇看得更美好，追求完美之人總是煩惱其他選擇是不是更好，或是讓他們更快樂。

對於追求完美者，「最佳」的參考點總是在變化，在可以不斷用交友軟體「滑」

出新對象的情況下，原本美好的首次約會可能突然感覺不如下一個配對來得滿意，剛開始兩個禮拜都很棒的工作，現在反而覺得還好，很快地，我們會開始在求職網站上瀏覽，期望找到真正讓人滿意的工作；我們遇到的每個替代方案都會改變我們的參考點，只要做出的選擇越多，參考點移動的次數就會越多，最後將會發現自己把生產力和健康也一併賠了進去。

在青少年時期，我很難決定自己想申請的大學，我花好幾個小時搜尋世界各地不同規模的大學院校，這些學校都提供不同機會，特色和誘因各異，我好像有太多可以申請的選項，但卻沒有足夠的時間去探索，蒐集資訊之後，又覺得每種選擇都好過另一種，幸好後來我的祖母很明智地告訴我：「不要讓各種選擇變成你的負擔。」一當時她明晰的看法比我原先認為的來得精闢。我的參考點隨著每一個潛在機會不停地轉變，每當接受一所大學的理念後，我便會將這個選擇和其他大學互相比較，思考是否有更好的選擇，卻沒有深入了解我選擇該校的各種優勢，當時我的行為致力於找出最佳選項，到頭來卻讓我像無頭蒼蠅一樣茫然。

我祖母的建議以及赫伯特・賽門和現代行為經濟學家貝瑞・史瓦茲（Barry

Schwartz）[5]所認同的是，**人們的快樂建立於滿足感，而非最佳**，知足的人比較不會耗費時間擔心他們做出的所有選擇以及可能錯過的替代選項，而是採用一套「夠好即可」的標準，面對決策時，他們會接受符合標準的選擇，而不會為了找到絕佳組合而痛苦徬徨。

滿意者的決定是立基於他們對可接受結果的了解，因此他們的參考標準不會隨著新選項的出現而改變，任一個選項只要符合標準就會納入選擇，如果不符合就會被捨棄。我對每間大學有什麼樣的理解呢？非常多！但是我沒有善用資訊來源，我一直根據外部條件（學院的名聲，我朋友的去向，我父母的想法）評估最佳選擇，反而沒有問自己是否喜歡這個選擇，哪些條件對我而言很重要呢？這家學校可以滿足我的需求嗎？這些需求包括什麼呢？我需要明確地列出來，如果有一間學校符合所有需求，它將會是一個絕佳的選擇，沒有其他任何更好的選擇，我不會陷入無數的「假設……就會怎麼樣」情況而無所適從，試圖找到最佳決策，代表無論我選擇哪一所大學都會用後悔或失望的情緒去審視它。

相信自己已經吻了夠多青蛙

德莫特．傑文斯博士（Dr. Dermot Jevens）是南卡羅萊納州（South Carolina）的獸醫外科專家，也是全國屢獲殊榮的上州獸醫專業（Upstate Veterinary Specialties）機構的共同創辦人，他形容自己在招募方面的滿意哲學：「我會事先明確定義自己期望的資格，只要出現一個符合條件的候選人就可以雇用，無論是否在招募審核過程的第一天，我不需要，也不想要繼續面試其他三位候選人好作為『以防萬一』的備案。為了找出命中注定的伴侶，你可能必須親吻幾隻青蛙，但是有時你親吻的第一隻青蛙就會變成王子或公主，那麼就沒有必要再找下去。」（在此坦言，無關任何商業利益，我是這種哲學的忠實擁護者，自從與傑文斯博士在飛機上首次見面後，他和我很快認為沒有必要再找尋其他對象，於是我們一直幸福地在一起。）

請回想上次你去一家高級餐廳吃晚餐的經驗：你是否看著菜單猶豫不決？畢竟你想確保自己能大啖美食，所以希望做出最好的選擇，到頭來，你是非常滿意自己的選擇，還是因為好奇朋友的餐點是否比自己選的好吃而沒有好好享受餐點？追求完美的人容易和他人互相比較，藉此評估自己決策的價值，導致他們長期陷入不滿足的追逐遊戲之中，以上述舉例的情況來說，可能會出現以下對話：

「我想知道現在還有什麼其他料理。」

「當然，該產品在亞馬遜網站的滿意度有百分之九十一，但是《消費者報告》（*Consumer Reports*）[6]的評價又是如何？」

「你確定要去這家中國餐館嗎？Yelp網站說另一間的餛飩比較好吃。」

如果這些很像你會說的話，那麼你可能也是完美主義者，別擔心，這沒有錯，但是在一個不斷多樣化的世界中，仔細研究每種選擇來挑出最完美的做法根本不切實際，當替代選項不斷冒出來時，感覺似乎有一個完美的選擇，這種感覺往往導致你的期望過高，最終只不過提高你對所做的任何決定感到失望的可能性。

或許有人會認為當一個「過得去就好」的人會過著妥協或平庸的生活，然而事實恰恰相反，來自斯沃斯莫爾學院（Swarthmore）和賓州大學（University of Pennsylvania）的研究員建立了一個量表，評估知足者和完美者與幸福感之間的關係，結果證明，與那些追求最佳化的人相比，表現出知足態度的人擁有更好的生活滿意度、幸福感、樂觀程度和自我肯定，而後悔與沮喪的情況卻明顯變少。

在《心理科學》（*Psychological Science*）上發表的另一項研究發現，在最佳化量表上得分較高的大學畢業生選擇和接受的工作薪資，比在滿意度量表上得分較高的同學平均高出百分之二十，然而，儘管薪水較高，這些追求最佳化的人對他們的新角色仍感到不滿意，到底為什麼？這是因為他們更加依賴**外部標準**來決定「最優的」選擇。

可是最優化究竟代表什麼？由誰決定？「最佳」和「最優」都是不精確的衡量，可能隨著不同的觀點而變化，在無法比較所有替代方案的情況下，你如何知道自己做了最佳決定？你根本不會知道，而且坦白說，你也不可能知道。

多樣性本能使我們不知不覺相信總會有更好的事物，相信會有更加鮮綠的草地，我並不贊成這樣的想法：對單一餐廳、職業或伴侶的長期承諾是每個人的唯一或最佳選擇，但是顯然地，我們需要留意多樣化本能對我們的影響，才能確保這種強大的指令不會導致對職業和私人生活的不滿。

擺脫錯失恐懼症（FOMO）[7]

想解開錯綜複雜的矛盾非常簡單，那就是「重新燃起對現有事物的渴望」。

我們必須開始認為，好到一定程度就夠了！無論是「每天晚餐要吃什麼」這種瑣碎選擇，還是關於工作或婚姻的重大抉擇，請慷慨地運用這一句座右銘。每次必須從多種選擇中做決定時，可以隨時遵循以下三個步驟，確保自己的行為像一個知足者：

一、**建立一張詳細清單，列出符合你標準的可接受範圍**。不要根據外部的衡量標準，比如可以為你帶來最多金錢或最高地位，或者別人認為這是你的最佳選擇，而是以你自己的滿意度為前提，去明確列出「正確」決策所需要滿足的條件。

例如，當傑文斯博士坐下來與應徵他研究職缺的人面試時，他會有一張列出所有招募條件的清單：（1）他們擁有最新的合格執照和符合職缺的資格嗎？（2）他們是否了解並展現出醫院的使命和核心價值？（3）他們能舉例說明如何替客戶解決難題嗎？（4）他們是否重視誠實與正直？

無論決策的條件是什麼，全部都要寫出來，花點時間來確保自己有列出所有需要知道的東西，以便做出令你滿意的選擇，捫心自問：「滿足這些標準會讓我感到開心嗎？」而不是問：「這是我能做的最佳選擇嗎？」

二、使你的決定不可反悔。研究發現，當購買的商品不能退貨時，我們不太可能後悔買下它。

實際上，我們會開始表現出一種稱為選擇支持的偏誤（也稱為「購買後合理化」），我們會誇大所選物品的優點，並加重抨擊未選擇物品的缺點。在這個階段，我希望你對自身的決定義無反顧，並且設定一個期限，譬如在你說服自己需要一個新工作、新伴侶或新房子之前，請試著完全投入目前的狀態至少三十天，請想像一下，當你熱愛自己已經擁有的東西時，你將會感到多麼開心，在三十天的練習中，你的大腦將有機會認知到，現實中你不會與外面任何潛在對象交往，也不用每隔一個月就要找更好的工作。

想像一下，如果在工作、人際或家庭中感到幸福美滿，你會有什麼樣的行為？也許你會提早上班，送一束鮮花給心愛的另一半，如果在自己家中就很快樂了，也許你會在自己的空間裡好好享受，努力讓居家環境變得更有品味。請想辦法實踐自己所想到的行動方案，將它們排進你的每日行程之中，例如：第一天我要帶老婆去外面吃晚餐，第二天我打算在中午十二點發一則愛的簡訊，第三天我要幫忙修理她一直抱怨會吱吱作響的大門鉸鏈。

猶太教拉比海曼・沙赫特爾（Rabbi Hyman Schachtel）在一九五四年說：「幸福並不是得到你所想要的，而是珍惜你所擁有的。」這個想法後來獲得廣泛的迴響，從哲學家到鄉村音樂傳奇人物葛斯・布魯克斯（Garth Brooks）。將你的關注全部投入你擁有的任何事物，彷彿這是你唯一的選擇，很快地，你期望的翠綠草地很可能就此出現。

三、反覆修正。多樣性可能是生活的調味料，但是這種本能會使我們沉迷於香料，以至於我們忽略了原始選擇的天然風味；我們必須持續重新調整對已擁有事物的慾望，將它們當作唯一的選項，如此將有助於抑制反悔的衝動。

向「五個傢伙」漢堡店看齊：全力堅守信念

這些方法歸功於一項優秀的個案研究，非常成功的「五個傢伙」（Five Guys）連鎖漢堡店由傑瑞（Jerry）和珍妮・穆雷爾（Janie Murrell）夫婦於一九八六年創立，當時他們無視餐飲的潮流，在餐廳不斷擴展菜單以迎合消費者追求變化的時代，五個傢伙堅定地維持簡單的風格，穆雷爾一家建立了一些基本的公司原則，而且清楚知道成功的衡量標準；在近期的富比士雜誌採訪中，傑瑞的五個兒子（五個傢伙）都在協助公司的營運，他說：「我們唯一做對的事，就是堅持信念。」他們的原則包括：不外送、不打廣告、沒有複雜菜單、沒有冷凍食物，這些都是沒有通融餘地的商業決定，穆雷爾全家人都完全遵守這些原則。

即使顧客一直有購買奶昔的需求，但是穆雷爾依然拒絕，因為不能賣冷凍的食物；儘管美國五角大廈要求提供一些漢堡來滿足全國最優秀聰明的國防人員，他們堅守公司的政策：不能外送食物；當內部員工提議將五個傢伙的T恤贈送給剛當選的歐巴馬總統，這樣可以立即創造龐大的免費宣傳效益，但是穆雷爾重申了他的決策準則：不做任何廣告，五個傢伙堅持初衷，只依靠口耳相傳的力量。（順帶一提，歐巴馬總統不久之後拜訪了五個傢伙，並且在一大堆攝影機和媒體面前吃了一個經典漢堡。）

穆雷爾一家人努力對抗多樣化的挑戰，奠定了這家公司的成功，五個傢伙在「速食店：大型連鎖店」（Fast Food: Large Chains）的評比中排名第一，在查格餐廳評鑑（Zagat's）二〇一一年度速食店調查中獲得「最佳漢堡」的殊榮，在二〇一六年英國市場力量調查（Market Force UK survey）的「漢堡／牛排／雞肉和燒烤」類別中也獲得第一名，而且營收成長率達到百分之三十二・八。

極簡化真的可能創造更多。

下次當你覺得自己不知不覺在追求更好、更多的時候，請記住一塊牛肉餡餅或者四種顏色的樂高積木就足以讓你創造成功，你不需要去親吻每隻青蛙，因為眼前可能已經出現美好的伴侶、想法、工作或生活，甚至是一份美味的漢堡。

本章重點摘要

檢視自己是否認為擁有越多代表越美好。

透過設定條件和時間限制，縮減你的選項。

請理解我們無法總是獲得立即的回饋，試著延遲享樂的時機，以獲取更好的報酬。

從現在起做出「正確」的決定，未來才有更好的回報。

珍惜你所擁有的。

定義可接受範圍，一旦出現符合條件的決定，就不再繼續尋找其他選項。

全力以赴，堅持初衷，不要輕易變卦。

註釋

1 SAT全名學術能力測驗（Scholastic Aptitude Test），是美國的大學入學考試，分成SAT I和SAT II兩種，SAT I指SAT推理測驗（SAT Reasoning Test）如同臺灣的大學學測；而SAT II是SAT學科測驗（SAT Subject Test），學生可選擇加考。

2 蓋洛普（Gallup）於一九三五年由喬治・蓋洛普所創立，是一家以民意調查為基礎的全球管理諮詢公司，調查分析項目包含就業調查、顧客調查、幸福指數等。

3 近藤麻理惠（Marie Kondo）是日本居家收納達人和作家，從大學二年級開始，以整理諮詢顧問為職業，指導如何進行居家雜物收納整理；二〇一〇年出版《怦然心動的人生整理魔法》，在日本銷售突破百萬本，後來被翻譯成多國語言，在全世界造成「麻里惠旋風」，二〇一五年被美國《時代雜誌》選為年度百大影響力人物。

4 赫伯特・賽門（Herbert Simon）是美國著名經濟學家、電腦科學家和心理學家，研究領域涉及認知心理學、電腦科學、公共行政、經濟學和管理學等，一九七八年獲得諾貝爾經濟學獎；享壽八十四歲。

5 貝瑞・史瓦茲（Barry Schwartz）是史華斯摩爾學院（Swarthmore College）心理學教授，研究社會理論及社會行為，經常於《紐約時報》、《哈佛商業評論》、《衛報》發表文章，出版多本著作，包括《只想買條牛仔褲：選擇的弔詭》（*The Paradox of Choice*）、《遺失的智慧》（*Practical Wisdom*）等。

6 《消費者報告》（*Consumer Reports*），由非營利組織美國消費者聯盟（Consumers Union）在一九三六年創立的一本商品評論雜誌，根據內部測試實驗室和調查研究中心的報告和結果，對商品和服務的進行評估和比較。

7 錯失恐懼症（Fear of missing out，簡稱FOMO）指一種由患得患失所產生的持續性焦慮，總覺得別人在自己不注意時經歷了什麼非常有意義的事情，因此渴望自己與他人隨時隨地保持關聯，又可稱為社群恐慌症。

4 CHAPTER

自我欺瞞

真的了解自己是什麼樣的人嗎？

兩顆腦袋

從一九四〇年代到一九七〇年代初期，醫生對一小群重症癲癇患者進行複雜且風險極高的手術療程，稱為胼胝體切除術（corpus callosotomy），在耗時大約十小時的手術中，外科醫生會小心切開患者連接大腦左右兩半球的胼胝體，從而阻斷兩邊的新皮質層——主掌語言、運動控制和認知思維的區域。這個驚險萬分的手術阻止病患癲癇發作，使其恢復正常生活，但是有一個嚴重的副作用：會出現兩種思維，每顆大腦半球的運作完全獨立於另一個。

神經科學研究人員麥可・葛詹尼加（Michael Gazzaniga）和羅傑・斯佩里（Roger Sperry）發現，呈現給大腦一側的文字、物體或圖片沒有被另一側注意到，我們已經知道大腦的左半球主要控制身體的右側，而身體的左側則由右半球掌控，但是在他們著名的「裂腦實驗」（Split-Brain Experiments）中，葛詹尼加和斯佩里確定左半球和右半球各自擁有特殊功能，例如，左半球負責語言能力，儘管右半球可以理解接收到的資訊，但是裂腦患者無法說出右半球看到或被告知的內容。

令人感到有趣的部分是，舉例而言，當葛詹尼加和斯佩里告訴受試者的右腦去散步（在這個情況下，藉由給他們的左眼看一張閃示卡，命令他們「站起來去散步」），左腦會找理由說明他們為什麼突然在走路，請記住，大腦的左側從來沒有真正看過命令他們走路的卡片，所以當實驗人員詢問：「為什麼你在走路？」時，從邏輯上來說應該會回答：「我不知道。」，可是出乎意料地，測試對象會合理化他們從事的行為，反而說出：「我正在活動筋骨」或「我覺得口渴，所以要走過去買可樂」。

受試者有說實話嗎？他真的是因為口渴嗎？還是編造一個謊言來合理化左腦無法解釋的行動呢？假設左半球看到了散步的命令，並且捏造自己口渴的謊言，就相當於故意說謊，但是左半球從來沒有收到散步的指令，那麼他說自己口渴還算得上是個謊言嗎？裂腦患者不斷對實驗人員的提問做出自信但錯誤的回答，而不是說「我不知道」，他們沒有意識到自己在撒謊，只是為自己的行為編造合理的故事。

雖然聽起來很怪異，很像科幻小說的內容，但是現實中我們都在不斷地做同樣的事情，我們經常根據潛意識主導的動機來採取行動，然後有意識地證明自己的行為是合理的。

神經科學家班傑明・利貝特（Benjamin Libet）於一九八〇年代初期首次展示了這種強大的潛意識「選擇」，他的實驗被許多研究人員拿來重複示範，利貝特將參與者連接上腦波檢查儀器（EEG machine），該機器可以測量大腦中的電磁活動，接著要求受試者根據自己的意志做出一個手勢，利貝特觀察到，雖然受試者移動手之前的〇・二秒有意識地察覺到想要動手的決定，但是偵測到的大腦電波活動顯示要動手的無意識決定比有意識覺察提早了〇・三五秒，換句話說，潛意識先做出決定，接著將其意圖告知意識大腦，然後在原始意圖經過〇・五五秒完成所有的動作，這是由潛意識大腦的電波活動所指示的，在你產生意識之前，幾乎所有的選擇都由潛意識主導。

二十年以後，馬克斯・普朗克人類認知與腦科學研究所（Max Planck Institute for Human Cognitive and Brain Sciences）的科學家們使用可以更準確監測大腦活動的功能性磁共振造影（Functional Magnetic Resonance Imaging，簡稱fMRI），進行了類似的實驗，參與者被要求根據自己的意思用右手或左手按下一個按鈕，完全由參與者自己決定，而且他們要自己標記決定按下按鈕的時間，令人毛骨悚然的發現是，研究人員可以在受試者意識到自己的決定之前整整七秒鐘，解析受試者的大腦活動並準確預測她將會使用哪隻手！

有意識的大腦在潛意識決定之後才「決定」按下按鈕，就像裂腦病人一樣，我們編故事來合理化我們的行為，而且根本沒有意識到潛在的動機，在這個案例中，這些建議是由我們的潛意識提出。

欺騙的意圖

無論你的大腦半球是否完好無缺，替行為自我辯護是一種普遍的人類本能，而我們對於為何如此行事的原因卻沒有深入且全面的了解，簡單來說，身為人類，我們會本能地撒謊和自欺欺人，對其他人和我們自己都一樣。

這樣似乎與我們主要的生存目標背道而馳，難道確切知道自己的立場不是最重要的嗎？

請再次想像，如果祖先們對自己相對有限的能力擁有全面的自我了解（我會生火和繁衍後代，但我是一個差勁的獵人，而且無法保護家人），然後思考他們在層出不窮的危機（老虎、毒蛇、嚴峻的冬天、狡詐的鄰居）中生存下去的機會，這豈不能夠鼓舞人高興地跳出洞穴迎接每天的挑戰嗎？

大自然是頭野獸，毫不留情地摧殘任何事物，當你這樣思考時，你的存在就是一個奇蹟。在數百萬年的歷史中，你的祖先高估了他們的技術、能力、才智和美麗，才能夠勇往直前並克服各種挑戰，造就了一個統計學上不可能發生的荒謬奇蹟。

你可能認為自己對自身行為和能力有非常準確的判斷，但也可能代表你只是個優秀的騙子（即使是無意間的）。**相信自己比原本以為的更好，可以創造你需要變得更好的空間，如同祖先們因而克服了可怕的生存危機。**

正如經濟學家羅賓・漢森（Robin Hanson）[1]所解釋的，有意識的頭腦不是「執行長」，而是「發言人」，最好不要完全了解我們行動背後的深層原因，畢竟，這些訊息可能有礙我們合理化自己的行為並實現大腦渴望的和諧，我們的意識大腦會積極地避免採用可能妨礙自己的證據。請思考下面一系列的問題：

你會自願做出不道德的選擇嗎？

你是否認同，故意違反法律是不道德的？

你認為自己是不道德的人嗎？

過去幾個星期，你曾經開車上高速公路嗎？

你有沒有超速？

如果你像大多數人一樣回答：「故意違反法律是不道德的，身為合乎道德的人，我絕對不會做出那些事情！」然後，當你發現自己可能已經超出高速公路的公告限速每小時幾公里（或者不只幾公里）時，你可能為了規避這種不道德的行為而編造合理的藉口：「每個人都會超速吧。」

從許多方面來看，虛構故事和合理化的偏好，給我們的祖先帶來幫助，在他們所生活的極端社會環境中，說謊使他們能夠操弄與自己目標抵觸的人，舉例來說，如果我有辦法說服你相信我是部落中最好的獵人，也許我就能從交易中得利，你可能相信我比另一個狩獵技能不如我的人更適合當你的伴侶。而我或許會欺騙自己：從技術上來講，我可以提供更多資源，當然，實際上是我從約瑟夫那裡偷來的肉，但是他根本沒注意到，所以我顯然更適合將它貢獻出來。

毫無疑問，欺騙是塑造我們行為的強大力量，如果我們沒有察覺，欺騙對我們的生存有巨大好處，甚至還有可能提高我們交配的機會，然而一旦被揭穿，失去部落的信任，或是被驅逐出去，將會造成非死即傷的破壞性結果。

令人傷心的是，在現代社會中，我們的潛意識不會總是為我們做出最佳選擇，我們自欺欺人的本能足以破壞我們的人際關係和職場生活。例如，我們主要是類似認知失調的概念來建立自欺欺人的故事和理由，認知失調是同時面對兩個不一致的事實而引起的緊張關係，會導致嚴重的精神錯亂，例如，你可能知道：

吸菸是極度危險的行為，而且會導致肺癌，但你還是每天非抽一包菸不可。神經科學家發現，在這種失調的狀態下，大腦的推理區域會關閉，只有在感到快樂的情況下才能重新啟動，也就是當我們透過有意識的辯解來恢復一致性的時候，比如在上述情況下，你可能欺騙自己相信：「抽菸非常危險而且會導致肺癌，我每天習慣抽一包菸，但是我的身體很健康，而且經常運動，因此我不會有危險。」

研究不斷地證實，我們高估了自己在身體吸引力、慷慨、智商、領導能力和駕駛能力等方面，自我欺瞞甚至會影響到健康，說謊會讓我們的身體生病。美國東康乃狄克州立大學（Eastern Connecticut State University）心理學教授迪爾德雷・李・費茲傑羅博士（Dr. Deirdre Lee Fitzgerald）說：「研究證實說謊會增加罹患癌症、肥胖、焦慮、憂鬱、成癮、賭博的風險，並且造成不好的工作滿意度和人際關係。」當我們故意撒謊時，在精神上和身體上都會感到痛苦，然而人類的演化創造出一個變通方法：先欺瞞自己。

自我欺騙不僅巧妙地躲避了隱瞞真相的個人成本，如果我們真的相信自己是誠實的，我們甚至足以說服他人，正如科學史學家奧倫・哈曼（Oren Harman）滔滔不絕地說明：「我們已經演化出一種大腦結構，允許用自欺欺人的方式來進行我們認為正確的事情，有時候，真相值得被隱藏起來，尤其是對我們自己。」編織謊言可以不知不覺消除其他人可能發現的線索，防止他們注意到我們的欺騙意圖，也妨礙我們認識關於自己的危險真相，這股力量造就了滑稽且拙劣的模仿。例如，歧視同性戀的男子駕駛一輛大卡車並滿嘴三字經，就會變成大家熟知的「男人中的男人」嗎？科學證據顯示，這種形象可能源自於同性戀色情片。

有時欺騙會傷人於無形，讓別人也付出沉重的代價。伊莉莎白・福爾摩斯（Elizabeth Holmes）是矽谷的寵兒，當她十九歲從史丹福大學輟學，迅速贏得各大企業、世界領導者和媒體的信任，同時占據了《富比世》、《財富》、《Inc.》雜誌封面，福爾摩斯準備與她創辦的顛覆性公司Theranos進入醫療保健產業，聲稱自己擁有用幾滴血液就能進行數百種健康檢測的技術，使公司的市值成長到了九十億美元，唯一的問題是，該項技術僅存在於伊莉莎白・福爾摩斯的腦袋裡面，她價值九十億美元的公司只不過是障眼法，空殼子底下只是一場騙局，即使公司的假象開始崩潰，控告她詐欺的美國證券交易委員會（Securities and Exchange Commission）對她處以五十萬美元的罰款，儘管所有證據都在打臉她，福爾摩斯仍然堅持自己的說法，宣稱這項技術是可行的。

美國杜克大學心理學和行為經濟學教授丹・艾瑞利（Dan Ariely）博士表示，福爾摩斯在創立初期能夠如此成功，某程度上可能與他的研究主題相關，當人們反覆說謊時，他們的大腦對這種謊言的反應就會減弱，簡言之，「我們會開始相信自己的謊言。」他如是說。

明確地說，欺騙不只是一種防禦工具，在祖先的年代，過度的自信心可以吸引到盟友、伴侶和資源，刻意顯露自信心（而不是照實表現）仍然可以建立真正的自信心，那些在艱困時期表現強壯的人往往被認為是最佳伴侶，因此，自欺欺人的基因依然被傳承下去。忘掉原本的現實之後，我們的祖先越能保護自己免受既定事實的困擾，他們自己創造的安慰劑越有可能塑造出新的現實。

安慰劑的力量——有益的欺騙

安慰劑效應或許是自欺欺人最著名的例子，而且數十年來廣為科學家所著迷，最具代表性的研究是讓參與者吃下沒有任何生物相關效果的藥丸（通常稱為「糖丸」），並且比較對照組和實驗組對該藥丸的測試結果。生物學上無效的安慰劑通常跟有生物相關效用的藥丸一樣有效，甚至可能更有效，研究顯示安慰劑效應可以幫助人們減重、降低血壓、減輕疼痛、緩解噁心，甚至使頭髮再生，安慰劑的作用如此強大，以至於《英國醫學期刊》（*British Medical Journal*）於二〇〇八年發表的一個研究發現，將近一半的美國醫生定期開安慰劑給病人；《公共科學圖書館期刊》（*PLOS One*）在二〇一三年刊登的一項後續研究發現，全科醫生使用安慰劑的比例甚至更高（百分之九十七），其中大多數醫生（百分之七十七）每個星期至少開出一次安慰劑。如果你曾經拿到針對病毒的抗生素處方，而這種療法在科學上無法有效地緩解病毒狀況，那麼你只不過是服用安慰劑。儘管我們會質疑醫生的道德操守，然而當這種作法帶來正面效果時，好像也很難去苛責什麼。我們的大腦會相信自己講的故事，甚至連在治療上也不意外。

幸運的是，安慰劑效應可以為我們提供一種違反直覺的方法，來介入自欺的本能，以獲得更好的結果。想想那些不斷告訴自己很疲倦、缺乏動力和失敗的人會發生什麼事，他們有效地利用安慰劑來實現那些結果，這些人常常為了證明自己是對的而設下這些詭計：有意識地認知到他們在自欺欺人（鑒於我們會拚命隱藏自己的謊言，這確實很難做到），或者實踐能夠加強他們陳述的行為。

為免掉入這些陷阱，我們所有人都可以嘗試對自己的謊言進行積極修正，例如告訴自己：「我是優秀的公開演講者。」

你可能還不夠格，但是當你刻意這樣宣示，即便這只是一種「自以為」，但你也已經吞下可以提高公開演講技巧的糖衣藥丸，只要經常說服自己，就會對這個謊言會感到更自在，也更可能說服他人。換句話說，你的自信將使你順利獲勝，使原來那個謊言更加堅實，到頭來使它變成事實。

哈佛哲學家威廉・詹姆斯（William James）[2]將這種對自我的信念稱為「前瞻性

信念」，我將它稱為驅使信念的行動。與其依靠有意識的大腦從潛意識的信念中傳遞出來的證據，我們必須率先採取行動，將潛意識信念推向變革，因而可以有意識地掌控證據，當我們有意識地執行自己想成為的人會做的行為，等於掌握了我們的新聞發言人，有意識的大腦將報告回傳給我們的潛意識：這就是我們的樣子。

尼克・摩根博士（Dr. Nick Morgan）是專門訓練TED講者、政治人物和企業領導人的頂尖溝通專家和演講教練，他透過以下方式闡明了從行動到信念的現象：

大腦下方較老的部分，即大腦皮層下方的區域，負責非語言的思考，而且思考速度比掌管意識的大腦皮層更快，你做的很多事情，例如在漫長的一天結束時，看到另一半便擁抱他，是因為你先產生情感或身體上的思維，然後才有意識地想到「很高興見到你，親愛的」，在人類表達的一些重要領域，我們的身體擁有主導權。

以摩根博士的範例來說，用身體採取行動，擁抱你的配偶，會驅使你有意識地相信：「很高興見到你，親愛的」。多加留心身體語言，實際操縱身體去做出我們想要的行為，就能幫助大腦進行調整；例如，我的目標是散發出自信心，走路彎腰駝背或眼睛往下看都會使大腦（和其他人的大腦）不相信自己充滿自信，或者當我的目標是對新想法抱持開放的心態時，除非我的身體先釋放這樣的企圖，否則我的大腦永遠不會接受，因此，關鍵在於我必須刻意伸展自己的四肢，並且放鬆臉部表情。

我們應該盡可能利用自欺運作模式來積極推動我們的信念，然而無論這些建議多麼有幫助，我們都必須時常保持警惕，有時，自我感覺良好在現代社會中反而會適得其反。

失控的欺騙——揭露我們謊言的根本原因

我們個人感知到的事實，大部分是自己創造的，由於沒有人會查驗我們想法的準確性，只要想法發生一點點轉變，就會讓我們的現實完全偏離原本的軌道；向全世界展示「最佳自我」是一種本能，例如我們有時會修照片或套用濾鏡，誰不會對發佈到社群媒體的照片編修一番？我們會仔細編輯自己的敘述口吻，即使不會到最精準。然而有時會適得其反，正如記者布萊恩・威廉斯（Brian Williams）的遭遇。

作為受人喜愛的美國全國廣播公司（NBC）新聞記者，威廉斯在二〇一五年陷入一場自己造成的爭議之中，當時他聲稱在十二年前報導伊拉克戰爭時，自己搭乘的飛機被手榴彈擊落，直到陸續的報導與他的說法互相矛盾，威廉斯才發表道歉聲明，並且對於將自己的經驗與前方飛機的遭遇混淆感到似乎很困惑，而後者實際上被火箭推進榴彈給擊落了。

事實證明，威廉斯只是人類，自欺的本能普遍存在，我們絕大多數的人都會在故事中添加戲劇性的元素，修飾每次重述的內容，以吸引我們的觀眾，並且成為傳說中的英雄，但是，在一個技術先進且緊密聯繫的世界中，這些不實的故事終將面臨重重考驗，正如威廉斯（以及幾乎所有政治候選人）所示範的，我們很容易相信自己的謊言，而且不會質疑我們這樣告訴他人的根本原因，為了不陷入讓自己名譽掃地的謊言，我們必須歸納從事這些行為的緣由。

有一則猶太人的寓言，最初是一種教導人們詢問儀式由來的重要方法，我聽過這個故事的各種改編和版本，但最終的結論都是相同的。

三姊妹金、科里和莫莉都有一個節日傳統，每逢感恩節都要烤一隻美麗的火雞，她們每個人都用相同的方式來準備火雞：切掉火雞的頭尾，並用母親特製的調味醬，放進烤箱中用低溫慢烤；莫莉最近剛結婚，為了她自己和新婚丈夫第一次共度的感恩節，她正在廚房準備火雞料理，她的丈夫對於莫莉的方式感到疑惑，他詢問：「妳為什麼要切掉那隻完美火雞的頭尾呢？」莫莉回答：「我不知道，這是我們家一貫的做法。」但是她產生了好奇心，因此打電話給兩個姊妹，科里和金都同意這是媽媽一直以來處理火雞的方法，她們掛掉電話後，莫莉又打電話給母親，決心要揭開謎底：「媽媽，為什麼呢？我們為什麼要砍掉火雞的頭尾呢？」媽媽回應：「嗯，我覺得這是一個很好的問題，等我跟你們奶奶確認看看。」莫莉的母親打電話給奶奶，終於發現了這個祕方的真相，奶奶說：「嗯，我不曉得妳和莫莉為什麼要去掉一隻完美火雞的頭尾，但是我這樣做是因為我的烤盤太小，無法放下整隻火雞。」

這個故事完美地說明了我們行為的直接原因與最終原因，直接原因是做出特定回應的立即原因，例如，妳在雨中撐傘是因為妳不想淋濕；最終原因是更深遠的根本理由，通常是驅動行為的「真正」隱藏原因，例如，妳不希望淋濕後得到感冒，這可能對你的健康有長期影響，或者至少不想要破壞了你的髮型。莫莉、她的姊妹和他們的母親，都知道他們的直接原因——這是她們家烹煮火雞的傳統方式，但是沒有任何人懷疑這種特殊行為的最終原因，直到引起其他人的注意。

大多數人都相信，當我們以最直接的答案做出回應時，我們已經說出完整的事實，在使用烤盤的例子中，那些女人從來沒有質疑過原因背後的原因，在布萊恩．威廉斯的案例中，他的意識大腦難以處理他不願承認撒謊的原因，背後的終極原因為何？敢於冒險的男人在社會上受到高度重視。真正的原因只有威廉斯可以確定，但也許是因為，他希望自己成為那樣的人。

這一切與你有何關聯？為了使自欺本能助你一臂之力，而非扯你後腿，關鍵就在於**察覺自己的行為和慾望的直接原因**，比如：我想要向傑夫．貝佐斯（Jeff Bezos）[3]看齊，因為他很有錢，可以做任何他想要的事，也能擁有多間房產和一輛藍寶堅尼。如果你找出最終原因，可以了解更深入的事實，為了弄清楚真相，你必須深究背後的「為什麼」：為什麼你想要很多房子？為什麼我想要變成有錢人，還要擁有一輛藍寶堅尼？

我們會積極地迴避驅動行為的真正原因。男人想要成為傑夫．貝佐斯（或休．海夫納〔Hugh Heffner〕[4]、布萊德．彼特）的最終根本原因是，他們想要獲得**地位**，而地位賦予了他們更多的交配機會。得到直接獎勵的感覺很好，然而真正的獎勵是由我們最原始和自私的潛意識所賦予的。

我們的性別策略和生存本能，加上一點自欺，導致我們追逐不明智的目標（擁有多間房子和賽車等級的車款），把錯誤的人推上領導職（例如身材高大的人比較有自信，正如在第二章中所學到的），並且以女性的身材勻稱與否作為生殖能力的指標。

我不是在說藍寶堅尼不好玩，或者高大且自信的男人不能成為偉大的領袖，又或是美國小姐不能成為偉大的母親，但可以肯定的是，現代社會中的領導能力和家庭技能並不是取決於性別或身高，擁有跑車不代表可以感到幸福，這些情境其實全都存在著某種程度的欺騙。

舉例來說，女人在與其他女人合作的整體意願方面特別會自欺欺人，在一份有關合作的性別差異整合分析中，二〇一一年發表在《心理學公報》（*Psychological Bulletin*）期刊上的研究發現，女人在一男一女配對中比起兩個女性一組的情況下更容易合作，另一方面，兩個男性的組合比兩個女性的配對顯得更加合作。

我們與掌權男人合作的意願很可能是一種演化上的機制，透過提高他們的自信與迎合他們的想法，從傳統上有價值的男性那裡獲取資源，然而時至今日，這樣卻造成惡性循環，在這個循環之中，女人過於配合與男性領導者的互動，同時在不知不覺中阻止其他女人獲得同樣的尊重，對於男性來說，他們會欺騙自己：「我獲得這個職位，與我的性別和身高都無關。」對於女性而言，她們會自我催眠：「我相信他的想法和領導能力比女性更厲害，這與性別或好感無關。」

成為非專業人士

撇開性別不說，當人們從某種角度看待某個情況的既得利益（通常是讓他們受益的情況），他們不可能再保持客觀，又或是不清楚要怎麼處理或解決問題，尤其是存在尷尬情況或危及地位的風險時，我們的直覺會引導我們盲目地信任自己的能力，即使有確鑿的額外資訊也一樣，這些可能也是導致一九八六年挑戰者號太空梭災難（Space Shuttle Challenger disaster）的因素。

挑戰者號是自我欺騙本能出錯的悲慘案例。簽約廠商聚硫橡膠（Thiokol）工程公司曾經警告美國太空總署（NASA），他們的O型環產品（太空船組裝的重要組成零件）無法在太空船發射當天早晨異常寒冷的氣溫下達成良好密封的能力，在此之前，美國太空總署經歷一次又一次的挫折，以及來自美國政府對以往多次延誤表達失望的壓力，好不容易才等到這次發射任務，當面對自尊、地位和驕傲可能遭受再一次挫折和損害時，美國太空總署的團隊不但沒有謹慎考慮聚硫橡膠工程師提出中止發射的建議，反而充滿了敵意。

鮑伯．艾柏林（Bob Ebeling）是聚硫橡膠公司中曾經請求美國太空總署停止發射的五名工程師之一，他在二〇一六年接受美國全國公共廣播電臺（National Public Radio）的採訪時，看得出來他依然懷有很深的愧疚感，後悔沒有更積極地主張不能發射的立場，但是最後他解釋：「美國太空總署確定要繼續發射，他們下定決心要飛上太空，向世界證明他們是對的，也知道自己在做什麼，然而，事實證明他們錯了。」

在預定發射的前一天晚上，聚硫橡膠公司管理高層私自召開了只有五分鐘的會議，他們幾乎完全依靠最直接的推理（即取悅他們的客戶——美國太空總署，以及失去將來合約的潛在後果），因此決定推翻中止發射的建議。在一九八六年一月二十六日的上午，挑戰者號升空七十三秒後，在高空中發生爆炸，造成機上七位機組人員全數罹難。

美國太空總署並沒有詢問是什麼理由促使聚硫橡膠公司推翻原先的決議，他們聽到了自己想要的答案，並且對於不用深入探究原因感到滿意，自欺欺人的本能奪走了七個人的寶貴生命，那些專精於統計分析的大腦沒有根據他們自己的數據來適當評估和採取行動，因為用簡單的直接推理就可以對這些數據進行解釋，沒有人追究他們為什麼要堅持發射的最終原因，如果有人這麼做，他們將會發現這一切是為了維持自己地位的需求，假如充分了解自欺欺人本能的運作模式，便很有可能阻止得了美國歷史上最有機會預防且最恐怖的災難之一。

一旦成為專家，我們努力建立正確無誤的原則，卻常常忽略了數百萬個資料能創造出的宏觀視野，可能會產生另一種結論；我們容易陷入符合自以為正確結論的傳統模式和故事中，但是，在正確的結果以外，我們的重點最終應該放在把事情做正確，超越我們與生俱來想成為專家的渴望，如何正確地做事才是我們最終取得進步的方式，在生活中沒有成為專家也沒關係，在我們所擅長的領域，永遠存在成長的機會，即做得更好的機會。

在現實中，即使我們自認為已經精通了最簡單的事情，我們通常還不是這方面的專家，我們依賴大腦創造的規則和捷徑，以便我們更快速地得到「正確」的結論，即便這些捷徑是由謊言所建立起來。只有在災難發生以後，我們才停下來質疑：「我怎麼沒預料到那件事呢？」即使事情確實近在我們眼前，我們的大腦也特別擅長忽略「不符合」所想事實的資訊。

請做看看以下我經常提供給客戶和團體的測驗，計算下方句子裡面有幾個「F」字母：

最終文件（FINISHED FILES）是經過多年的（OF）科學（SCIENTIFIC）研究和多年的（OF）專家的（OF）經驗所得到的（OF）結果。

答案當然有七個，不相信我嗎？請回頭再重新計算，確認自己有算到包含在「of」這個單字裡面的「F」，你會相信四歲小孩比大人更能勝任這個任務嗎？即使非以英語為母語者也一樣，到底是為什麼呢？向我諮詢的美國客戶大多數都被教導要用發音閱讀，以至於他們沒有「看到」該單字中作為無聲子音的「F」，所以很難辨識出這個單字中的「F」。

當我們鎖定某個特定的「真相」時，我們會將與之衝突的所有事物排除在外，積極地與意識大腦搏鬥，在這個例子中，初始設定是找出聽起來像「F」的字母，當它們聽不出來有這個音，譬如出現在「of」一詞中，我們就無法看到它們，那些在這類測驗中還不是「專家」的人卻可以輕鬆地找到字母，例如尚未學會閱讀、非以英語為母語的人或孩子們，而我們通常需要外行人來指出錯誤的想法。

克里夫．楊（Cliff Young）的故事完美地概括了這個想法。一九八三年，來自維多利亞州山毛櫸樹林（Beech Forest, Victoria）的馬鈴薯農夫，楊開車花費了十一個小時終於抵達西田集團帕拉瑪塔購物中心（Westfield Parramatta mall），他不是去那裡購物，購物中心是惡名遠播超級馬拉松比賽的起點，路線從澳洲的雪梨到墨爾本橫跨了八百九十一公里，由知名鞋類品牌和賽跑裝備贊助、來自世界各地的菁英選手齊聚一堂，參加為期七天的競賽。

當楊到達雪梨時，他從未參加過馬拉松比賽，也沒有接受過跑步訓練，甚至沒有合適的裝備，實際上，他只穿著工作服和靴子，儘管如此，這位六十一歲的農夫下定決心要完成這場艱鉅的活動，因為他這輩子都在農場裡追趕羊群。

沒有人把他當一回事，尤其在起跑槍響之後，穿著橡膠靴的楊剛開始踏著異常緩慢的步伐，但是，經過五天十五小時又四分鐘後，當他越過了墨爾本的終點線時，楊震驚了全世界，這位老農夫打破了這項比賽的世界紀錄，而且縮短了將近一天半的時間。

他究竟是怎麼辦到的？他的優勢在於，他對如何贏得比賽沒有像其他菁英跑者先入為主的想法，所有經驗豐富的運動員都知道，為了贏得勝利，他們每天需要花費十八個小時跑步和六個小時睡覺，在職業選手睡覺的時候，楊持續地跑步，他甚至不知道自己應該在比賽過程中睡覺，所以他沒有停下來睡覺，他拖著腳走了五天。

有時我們的盲點可以成為我們的突破點。對克里夫・楊而言，他在賽跑界缺乏名聲和資源，因此他決定帶著一萬美元的獎金，回到自己的馬鈴薯農場。

菜鳥思維

對於某些企業而言，察覺到其專業知識中的盲點確實可以帶來巨大的回報。在二〇〇〇年代初期，大量的科學文獻致力於解決一種現象，稱為製藥生產率危機；二〇一一年，在享有聲譽的同行審查《自然》（*Nature*）期刊上一篇被廣泛引用的文章顯示，儘管越來越多的資金投入到新藥的開發中，但獲准上市的產品產量卻從一九九〇年中期以後明顯且持續地下降。

禮來（Eli Lilly）製藥公司擁有驚豔的成功事蹟，包括率先生產胰島素、第一家大量生產小兒痲痺疫苗和盤尼西林、以及百憂解的最大製造商和經銷商，然而禮來公司也受到了生產力危機的影響，即使面臨財務危機，管理階層的第一個行動是增加研究與開發，在二〇〇〇年雇用了超過七百名科學家，但是，這十年以來產業只得到了一個教訓，那就是再多的資金和一成不變的思維都無法解決問題，新進科學家依然膠著於同樣的問題，禮來公司不得不另闢蹊徑。

公司領導階層採取了向外部人才諮詢的大膽做法，為「搜尋者」和「解決者」建立一個線上平臺，他們不僅徵詢研究和開發團隊的科學家，甚至以獎勵方式吸引任何人提供針對問題的解決方案，因此，一個群眾外包的問題解決平臺——「創新激勵中心（Innocentive）」應運而生，該網站在二〇〇五年從禮來公司獨立出來，但仍然是《財富》全球五百大企業進行許多專案的必去網站），包括奇異（General Electric，簡稱GE）和卡夫食品（Kraft Foods），截至二〇二〇年二月，創新激勵中心的問題解決網絡擁有來自將近兩百個國家且超過三十九萬名的使用者，標榜具有百分之八十五的挑戰成功率。

我們經常誤以為技術問題只能由具備專業技術的人員來解決，但是創新激勵中心的數據證明這種想法是錯誤的。麻省理工大學史隆管理學院（MIT Sloan School of Management）最近發表的一篇科學論文，針對創新激勵中心網站上由二十六家提供的一百六十六個待解決問題進行分析，問題範圍包含合成新化合物的解決方案，培養對普通殺蟲劑具有抗藥性的昆蟲變異株，以及發炎和肥胖的治療方法，研究人員發現，找到解決方法與解決者在科學興趣方面的異質性之間存在顯著的正相關，簡而言之，問題解決者的背景越多樣化，找到解決方案的機率就越大。

我們都知道三個臭皮匠勝過一個諸葛亮，如果能夠適當地整合起來，毫無疑問地，一百個、一千個或甚至十萬個具有不同思路的大腦一定可以促成更有創意且有利可圖的解決方案。

禮來公司和其他許多公司一樣，受益於其擁有高度技術的優秀員工所無法提供的解決辦法，將近百分之三十的解決方案不是來自於員工，而是來自完全不相關領域的非專業人員；其中一個案例，一群毒物專家正在努力了解其研究中出現的一種病理症狀，在向他們領域中的內部和外部專家尋求解釋依然沒有結果之後，毒物專家使用創新激勵中心將該議題外包給群眾，答案很快地出現了，出自於專門研究蛋白結晶學的科學家——與毒物學相差甚遠的一門科學分支；針對相同分子生物學問題的其他成功解決方案來自於航太物理學家、小型農業公司老闆、經皮輸藥專家和工業科學家。

科學領域並不是群眾外包的唯一受惠方，卡夫食品最近認為其最受歡迎的產品之一：奧利奧（Oreos）需要全新的品牌識別；二〇一二年奧利奧正在慶祝一百週年誕辰，該品牌每年都在期待這次的一百週年紀念，然後，波寧．鮑夫（Bonin Bough）出任奧利奧的國際媒體總監，鮑夫沒有傳統產業的背景，意味著他會捨棄以往主打電視廣告的行銷手法，他願意挑戰傳統思維，正如鮑夫在二〇一四年接受《快公司》（*Fast Company*）[5]訪問時所說：「由於還不了解實際情況，我對於看似不合理的事情會提出問題，我沒有任何先入為主的觀點。」

結果他發起了「每日一則」（Daily Twist）廣告活動，顛覆傳統的營銷方式；奧利奧透過社交媒體管道的引導，將廣告外包給社群大眾，該品牌開始傾聽人們在網路上談論的內容，然後精心規劃行銷方法來符合需求；如果人們在討論火星登陸，那麼奧利奧的社群媒體廣告會推廣呈現火星紅色的夾心和上面印有輪胎痕跡的餅乾產品，當社交媒體瘋迷新生的中國熊貓寶寶呢？奧利奧的深色餅乾變成熊貓形狀加上奶油夾心；對於奧利奧數位代理商的執行長莎拉・霍夫斯特（Sarah Hofstetter）來說，這是一個夢寐以求的廣告活動，她說：「討論廣告的人們跟會討論餅乾的人一樣多。」奧利奧利用社交平臺創造了一個完整的公關生態系統，正如在坎城國際創意節（Cannes Lions）[6]的案例研究中所描述的，這個操作方法幫助他們的臉書分享次數成長了四十倍（相較於其他月份），獲得兩億三千一百萬次曝光的媒體效應，並且讓奧利奧變成二〇一二年成長最驚人的品牌（增長百分之四十九）。

當我們願意成為門外漢，經常會發現令人驚訝的方法，得以解決原以為永遠無法解開的問題，包括「認識自己」，例如，假使沒有其他人的建議，我們會看不到自己的盲點，更諷刺的是，在認識自我方面，我們是完全的「初學者」，儘管有百分之九十五的人們相信自己具有自覺性，組織心理學家塔莎・歐里希（Tasha Eurich）[7]的研究表明，實際上只有百分之十到十五的人能夠自我覺察。

馬丁繁榮度研究所（Martin Prosperity Institute）所長羅傑・馬丁（Roger L. Martin）在二〇一〇年《哈佛商業評論》（*Harvard Business Review*）的一篇文章中極有說服力地說明，陷入以如此有限的角度來評估數據是多麼地容易，他說：「僅僅堅持我們能夠衡量的東西，我們便會想像出一個狹小且受限的世界，我們是被『現實』囚禁的犯人，這個空間實際上是我們在不知不覺中圍繞著自己所建造的大廈。」換句話說，我們只會透過自己的眼睛觀察，而且幾乎不可能看見我們不知道的東西，尤其當我們自己也屬於未知的一部分。

實現自我覺察並不是一件容易的事情，當我們甚至不敢相信自己的看法時，要如何知道哪些資訊可以信任？我認為應該求助於最瞭解我們，且能夠提供原始真相的人，將尋找解決辦法的事情交給群眾外包。

我們發現自己過於頻繁地變成一個菁英跑者、傳統行銷者，或是想要雇用更多同行來解決問題的科學家，我們努力奔向目的地，卻沒有停下來檢查做出這個決定的起因：我告訴自己的故事來自於哪裡？它是真的在幫助我，還是讓我退縮？這是一個值得告訴自己的謊言嗎？還是我在不知不覺中被沒有生產力或不健康的本能所影響造成的？我們的直覺和希望成為知道正確答案的專家，經常令我們無法進步。

打破我們自身謊話的策略之一就是採用禪宗佛教的「初心」原則，又可稱為「初學者的思維」，該原則鼓勵所有人以開放且渴求的態度來學習孩子般的好奇心，如果你曾經和四歲小孩玩在一起，那麼你絕對會理解我所指出的心態，我們當然都曉得孩子們會不斷地詢問為什麼，緊接著另一個為什麼，這種永無止境的提問最後會讓人發瘋，換個角度來想，假如我們將同樣的好奇心學習原則運用到自己的生活中？請針對每一個信念、原則和藉口，試著再三詢問自己原因。你的回應必須完全坦誠。

舉例來說，假設你與同事正透過電子郵件熱烈討論最有效的公司溝通平臺，你可能想停下來問自己：為什麼我需要贏得這項辯論，而不是解決手邊迫切的實際問題呢？因為我是對的；嗯，為什麼我必須證明自己是對的？因為當我知道其他人是錯的，我不會讓他們以為自己是對的；為什麼你需要他們承認自己是錯的，而你的事實是唯一的真相呢？因為那樣他們會尊重我；為什麼讓這個人立刻對你表示尊重很重要呢？以此類推下去，當你繼續深入探究，你會開始發覺直覺本能的瑕疵，並且更加了解造成無用行為的根本原因。單憑直接原因（和判斷）幾乎很難通過四歲小孩的為什麼測驗。

對於「專家」而言，維持好奇心和依賴非專業人員的意願尤其困難，因為我們會受到已知訊息和解決方案的約束。禪宗大師鈴木俊隆（Shunryu Suzuki）簡潔地說明了當我們知道得越多，更迫切需要運用初心的理由：「從初學者的觀點來看，總是存在很多可能性；但從專家的角度來看，可能性將會變得極少。」

納文．傑恩（Naveen Jain）是X獎金基金會（X Prize Foundation）[8]教育和全球發展計畫的共同主席，該基金會致力於為世界上最龐大的問題提供群眾外包解決方案，他認為專家只能為他們熟悉的問題提供漸進式的解決辦法。

傑恩在二〇一二年接受《快公司》採訪時說：「如果有人向我詢問如何清理漏油

事件的石油，我的想法與任何專家都大不相同，因為他們只知道過去的作法；我們真得將這個問題納入X獎金，並且提供一百萬美元作為石油清潔獎金。」事實證明，獲得一百萬美元獎金的解決方案比石油公司超越石油（BP）花費兩千萬美元的方法高出五倍效率，高達百分之九十九，而且你相信最終進入決賽的其中一個團隊是由牙醫、技師和在紋身店工作的人所組成的嗎？

我們都是以自己的方式成為專家，但是不代表我們接受的事實是正確的、唯一的或者肯定最佳的真相，儘管本能會使我們這樣相信。如果專家從來沒有運用初心，假如史蒂夫・賈伯斯（Steve Jobs）從來沒問過為什麼電腦不能隨身攜帶，或者馬特・格朗寧（Matt Groening），從來沒想過為什麼卡通動畫只適合兒童觀賞，那麼我們永遠不會看到蘋果手機（iPhone）或辛普森家庭（The Simpsons）。

畢竟，你不可能對任何事情都有全盤的了解。我們都有可能認同世界是圓的，但是你如何知道？是由老師告訴你，還是從美國太空總署在太空拍攝的照片中看到的？如果不是透過直接的親身觀察，我們大多數已知的事物都是來自於大腦為我們（的直覺）產生的捷徑，或者可信的權威人士告訴我們什麼是真實的。因此，在大多數情況下，我們對自己已知的真相了解不多，只是相信其他人所說的話（或者我們直覺的指引），這樣會很快導致一種不注意視盲（inattention bias）的現象，不注意視盲指的是我們只關注符合自己信念的資訊，同時迅速地駁斥或斷言與我們的真理不符的任何事物，這通常是為什麼當人們意見不合時，他們無法跨越彼此信念的鴻溝進行溝通的原因。

「是的，而且……」喚醒具有共鳴的對話

在二〇〇〇年代初期，我與康乃爾大學鳥類學實驗室合作研究烏鴉，基於我的角色關係，我必須巧妙地回答公眾提到一些有關我們最常見鳥類的問題，我最喜歡的互動之一是當一個女人問我烏鴉是否能夠作為一種心靈動物或稱為靈獸，這個問題實在令人措手不及，我絞盡腦汁地想要找到適當的說法，身為科學家，我真的認為靈獸會看護和帶領我們的想法很荒謬，為了爭取一些時間，我簡單地反問：「請告訴我更多關於這方面的訊息可以嗎？」我正在盡力運用初心，把自己當成白紙一張來吸收

新知。

她接著補充說明，最近一次在紐約州北部的寒冬裡越野滑雪，她摔了一跤，並且嚴重地把腿摔斷，在不認為自己能夠安全回到家的情況下，她開始產生恐慌，就在此時一隻大型烏鴉出現，並賜予她將自己拖回家的精神力量，依照本人所說那是她的心靈動物，她認為那隻烏鴉一直監視著她，這是一個真摯的故事，所以我要如何告訴這個女人，那隻烏鴉其實在等她死後可以享用晚餐呢？

在那一刻，我有機會實踐自己宣揚的道理：即使我知道烏鴉的行為更像一個虎視眈眈的清道夫，而不是嚮導，但沒有任何證據可以支持我的故事一定是對的，為了避免用直覺斷言我的觀點是最終的真相，我需要迅速地轉換態度。

我回答：「是的，烏鴉可以是一種心靈動物。」

為什麼呢？因為我相信她，如果她不認同這隻烏鴉是她的靈獸，那天她很有可能回不了家，因此，烏鴉當然可能是一種心靈動物。

我繼續說：「而且……有另一個可能性是，那隻烏鴉在等妳死掉，這樣可以搶先吃到鮮嫩的肉塊。」

我想要更小心謹慎地說出我的真相，但是可能只是我自己在工作時的自欺欺人。採用「是的，而且……」策略可以讓一個對話持續進行，無論是經營一間《財富》全球五百大企業，還是主導一個五人團隊，這都是領導者必須養成的重要習慣，「是的，而且……」迫使你傾聽另一種可能挑戰自己的觀點，與其堅持自己的真理，不如接納別人擁有與你一樣真實有效的真理，並不是說真相無關緊要，只是接受人們對於事實有各自不同的經歷，例如，五十歲的人可能比二十歲的人更加睿智，雖然五十歲的人確實擁有更多經驗，但是年輕同事不同（而且有價值）的經驗不該受到輕視。

藉由「是的，而且……」聆聽他人的版本並且認可對方，等於你肯定他們的專業知識；當你遇到其他人，與其立即拒絕他們的觀點說：「不！」甚至於「是的，但是……」（等同於否決「但是」之前的任何內容），你應該繼續進行對話，才有可能使身為專家的你認識到全新的專業觀點；追求事情的正確性而非某個人的正確性，可以確保你找到解決問題的最佳方案，而不是滿足你想成為專家的本能。

在我們本能的驅使之下，避免我們不斷維護自己的價值觀和立場，是場長期抗戰，但是，透過謙卑的實踐以及持續獎勵我們自己和他人的好奇心，也許我們可以將自己的論點表達得更恰當，我誠摯地希望，只要不斷重複用「為什麼？」來驗證自己的行為，我們最後都能夠說出明確且合適的答案：「我不知道。」

本章重點摘要

熱烈歡迎非專業人士（包含你自己）

挑戰自己的觀點，你並不是唯一的、正確的或最佳的道理。

尋找能夠利用安慰劑效應來達到正向改變的方法。

運用行動來創造新理念。

註釋

1 羅賓・漢森（Robin Hanson）是喬治・梅森大學（George Mason University）經濟學副教授，也是牛津大學人類未來學院（Future of Humanity Institute）的研究員，他擁有社會科學博士學位、物理學和哲學碩士學位，而且在人工智慧研究和貝氏統計擁有九年經驗。

2 威廉・詹姆斯（William James）一八四二年出生於美國紐約，創立了實用主義的哲學學派，也是功能心理學派的創始人，他被譽為十九世紀美國最具影響力的哲學家之一，也有「美國心理學之父」之稱，著作包括《心理學理論》、《宗教經驗的多樣性》、《實用主義：對舊有思維方式的新解》。

3 傑夫・貝佐斯（Jeff Bezos）在一九六四年出生於美國新墨西哥州，一九八六年取得普林斯頓大學工程學系和電腦系雙學士學位，一九九五年在西雅圖創辦亞馬遜（Amazon）網路書店，後來成為全球最大的線上零售商之一，貝佐斯因此在一九九九年成為《時代》雜誌年度風雲人物，二〇一九年超越比爾・蓋茲成為全球首富。

4 休・海夫納（Hugh Heffner）出生於一九二六年，享壽九十一歲，一九五三年在自家廚房創辦《花花公子》雜誌，成為全球最暢銷的男性雜誌，為他帶來巨大的財富，他大膽且放蕩的風格一直在美國極具爭議。

5 《快公司》（*Fast Company*）創始於一九九五年，是美國最具影響力的商業雜誌之一，以其獨特的媒體觀點，關注科技創新、倫理經濟學、領導階層及設計領域，傳播無數引領全球商業的創新理念和思想，無數商業變革引領者的故事被放進這本雜誌。

6 坎城國際創意節（Cannes Lions International Festival of Creativity）活動為期五天，包含每年於法國坎城節慶宮舉辦的獅子獎（Lions awards）頒獎典禮，是創意傳播、廣告及相關產業最具規模的全球性活動。

7 塔莎・歐里希（Tasha Eurich）是知名的組織心理學家、演說家，與當今如史蒂芬・柯維等知名管理學大師齊名，幫助數以千計的專家藉由提高自我覺察力，進而提升成功率，著作有《深度洞察力》。

8 X獎金基金會（X Prize Foundation）是一個位於美國加州的非營利性基金會，設立目的在於透過高額贊助獎金和舉辦公共競賽，藉由大眾力量集思廣益，以推動對全人類有益的科技創新。

9 馬特・格朗寧（Matt Groening）是一位漫畫家、電視製片人及編劇，以其創造的動畫情境喜劇《辛普森家庭》聞名於世，該劇透過辛普森一家五口，描繪美國中產階級的生活方式，用黑色幽默嘲諷了美國文化、社會、電視節目和人生百態。

CHAPTER 5

歸屬感

團體可以瓦解競爭

二〇一六年的秋天，當克萊姆森大學（Clemson University）即將奪下第二座全國美式足球冠軍時，一位朋友邀請我參加車尾野餐派對，在南卡羅萊納州紀念體育場觀看老虎隊征戰對手。美式足球是我小時候喜歡的運動之一，每到夏秋之際，我經常會跟鄰居小孩玩橄欖球，所以我信心滿滿地去看星期六的比賽，我懂得所有的規則，或是說，至少我了解球場規則。

但是有關車尾派對和賽前儀式，我從來沒有接觸過南方大學橄欖球這種狂熱的氛圍，球迷的狂熱程度是我前所未見的，服裝打扮不像去體育比賽，反而更像參加正式舞會，在充滿華麗洋裝、珍珠飾品和高跟鞋的人群之中，我只穿著一件老舊黑色T恤、牛仔褲和運動鞋，感覺自己像一個傻瓜，為什麼沒有人提醒我呢？我不需要開口展現北方口音，已經很明顯地不屬於這裡，因為現場每個人都穿著克萊姆森的橙色衣服，並不是在整體色彩平衡中出現幾個亮點而已，這是一個極端的顏色突襲，遍及牛仔帽、吊帶褲、方巾、襪子、鞋子和人體彩繪，從頭到腳都不放過。

紀念體育場是美國最大的大學橄欖球場之一，可容納八萬六千名球迷；當我走進時，我開始失去對其他事物的感官，因為我只注意到橄欖球隊呼的抑揚頓挫：一、二、三、四，一、二、三、四，克、萊、姆、森、老、虎、隊，勇猛的老虎，強壯的老虎，戰鬥到底吧！我發現自己隨著高聲歡呼和微笑，與周圍的粉絲融為一體，令人相當振奮，熱血沸騰的影片在巨大的螢幕上播放著，我們為史詩般的擒抱和奇蹟般的接球大聲加油，我全神貫注在比賽中，以至於忘記自己沒有穿著正確顏色的衣服，坐在我隔壁的球迷知道這是我第一次觀賽，興奮地與我聊天，詳細描述我即將見證的經典實況，並指出我應該關注的地方：選手從山坡頂端進場到最近的達陣區。

霎時間，入口打開，克萊姆森隊整齊劃一地跨過去，同時向前移動，手臂相連成一體，當砲聲響起時，整個橄欖球隊和教練團全速衝下山坡，伴隨著一百三十三分貝的群眾吼叫聲（大學橄欖球賽中音量最大的觀眾），每個選手經過閘門時都會停留片刻，觸摸一塊神聖的石頭，我的同伴解釋道：「一九六七年開始，觸摸霍華德之石（Howard's Rock）變成一種傳統。」據說，前教練法蘭克．霍華德（Frank Howard）曾經告訴他的球員：「如果你承諾會付出一百二十分的努力，便可以觸摸這塊石頭，但如果你做不到，不要讓骯髒的雙手靠近它。」

這種空前盛況和戲劇性的情節對我而言都是前所未見，我立刻愛上了它，那天早上我出現在那裡，感覺像是個陌生人，但是短短幾個小時內，我完全轉變了心情，成為這個龐大有機生物的細胞之一，我們一起歡呼、擺動，並且同時見證傳統，真是太神奇了。

克萊姆森隊非常了解演化生物學家所熟知的：儀式和傳統能夠引起鼓舞的力量，這就是橄欖球在克萊姆森大學不僅僅是一種比賽的原因，這是一種身分、一個品牌、一個家族，也是一種每個學生願意挺身並產生共鳴的使命，克萊姆森成就了一種極度強大的直覺干擾，他們捕捉到我們歸屬本能的真實需求。

作為社交動物，歸屬感與我們的健康、幸福和職場表現密不可分。專業培訓公司貝塔（BetterUp）的研究實驗室在二〇一九年發布一份報告，針對一千七百多名在各行各業的員工進行調查，發現歸屬感可以讓工作績效提高百分之五十六，離職風險降低百分之五十，員工病假天數降低百分之七十五；除此之外，數據顯示對於公司有歸屬感的員工積極向他人推薦的可能性高出百分之一百六十七。總而言之，歸屬感對企業有重要的影響，研究人員估計，當組織能夠促進強烈的歸屬感時，每一萬名員工就可以實現以下好處：

- 每年提高超過五千兩百萬美元的生產力。
- 每年離職相關成本省下將近一千萬美元。
- 全年病假天數減少兩千八百二十五天，代表每年生產力可以提高將近兩百五十萬美元。

在美式足球方面，克萊姆森大學已經掌握了這些數據所證明的歸屬感：為人們提供一種部落感或家族感（讓你覺得自己是更大群體的一部分）的確有助於達陣得分。二〇〇八年，在克萊姆森大學建立橄欖球球隊的勝利方程式之前，當時只有一萬五千五百四十二名新生申請入學，經過十年的時間和獲得兩次國家冠軍之後，入學人數暴增到兩萬八千八百四十四人，增長了百分之八十六；從另一個角度來看，全國大專院校的統計數據顯示，二〇一〇年到二〇一七年間的入學率下降了百分之四。

二〇一七年，克萊姆森在全國冠軍賽對戰阿拉巴馬（Alabama），贏得了這場比賽，並且增加了一萬八百個社交媒體的追蹤者，為大學帶來了總計兩千七百萬的社交媒體曝光次數，到了下個星期，該大學網站擠滿了預約校園導覽、搜尋主修科系和下載申請資料的訪客，想要達到這樣的宣傳規模，以往都是花費昂貴且效果不彰。如同貝塔實驗室的數據所證明的那樣，克萊姆森不僅招生人數急遽攀升，而且二〇一八年大一新生的保留率提高到百分之九十三．三，而作為生產力的衡量標準，授予學位的人數比二〇〇八年增加了百分之六十二。

我們對歸屬感的強烈需求也促使我們建立聯盟。社會心理學家亨利．泰弗爾（Henri Tajfel）[1]及其同事在一九七〇年代廣泛研究了大腦對人類進行社會分類的自然能力，泰弗爾揭示，只需要表面上有細微差異的標準就可以在兩個團體之間產生強烈且有偏見的分界線，這就是他提出的最小團體研究典範（Minimal Group paradigm）。

例如，我們將二十個人分為甲組和乙組，進行丟擲硬幣的遊戲，過一段時間後，如果從乙組中隨機選擇三個人去甲組，原本的甲組成員對這些新成員的評價會比較差，令人不敢相信的是，大腦僅憑著一枚硬幣就已經創造出「我們和他們」、「好的和壞的」這些區別，儘管看起來令人沮喪，但我們的思維可以鎖定任意的代碼來建立歸屬感，實際上相當令人安心！

如果要我說實話，至少有一次我刻意利用這種思考模式來幫助自己。在我首次參加克萊姆森橄欖球比賽後過了幾年，我正在籌措資金舉辦慈善自行車活動，以支持青少年糖尿病研究基金會，那是一個美麗的秋日，雖然距離我的目標還差三千美元。我再也受不了在網路上亂槍打鳥，透過寄電子郵件來遊說民眾捐款；取而代之，我轉向形成「同一國」的克萊姆森球迷尋求幫助，我穿著克萊姆森的橙色裝扮，在停車場來回走動大約四個小時，向我的美式足球大家族介紹我的募資任務，他們向我敞開心胸、掏出錢包，甚至常常請我喝啤酒，那天，僅僅基於我所穿著的顏色和支持的隊伍，他們便賦予我信任感，我帶著將近三千美元的現金回家，開始籌備慈善騎車活動。

我們要怎麼像克萊姆森一樣建立歸屬感和品牌？假如每天上班都能感覺到如同球迷熱愛球隊般的向心力、友好、興奮和歸屬感，會產生什麼樣的光景？我們該如何建立對企業、社區組織和家庭的忠誠度和信任感？

首先，我們必須了解歸屬感本能的強大程度，以及它有時與生存本能發生衝突的原因，然後透過建立合作聯盟來永久改變這種本能。

舉例來說，想像一下你在一個研究團隊中工作，主管不斷比較員工之間的工作成效，催促你們更積極、更快速、更機靈，在沒有明確定義部落的情況下，你的大腦傾向於將同事們視為「別人」，即不值得信任的外人，於是整個團隊將無法團結一致，反而為了個人的生存利益而相互爭鬥，即使損害公司利益也在所不辭。

對抗這種不完善本能的關鍵是建立一個部落，即一個安全的社群聯盟，這正是我在研究所的實驗室團隊所發生的事情。

建議合作

二〇〇九年，我剛剛加入孟菲斯大學（University of Memphis）史蒂夫・蕭克（Steve Schoech）博士的實驗室，史蒂夫的長相和舉止都像電影經典作品《謀殺綠腳趾》（*The Big Lebowski*）[2]裡面的中年大叔督爺（The Dude），他高中輟學後當過卡車司機，後來搖身一變成為令人崇敬的科學家和研究人員，當我們相遇時，他負責美國最受人尊敬的生理學實驗室之一，史蒂夫是一個天才，和他共事是夢寐以求的經驗。

一年當中的六個月，我住在美國田納西州的孟菲斯，並且在史蒂夫的實驗室努力工作；其餘的六個月，我住在佛羅里達州（Florida）中南部的一個生物研究站阿奇波德（Archbold），與來自全國各地大約十五名二十多歲的學生一起在這個獨特的環境中工作，我們的研究區域占地五千英畝，而我的工作基本上要透過步行和越野型沙灘車（ATV），尋找瀕臨絕種的鳥類佛羅里達叢鴉（Florida scrub jays，學名Aphelocoma coerulescens），每一天我都覺得自己猶如身處在侏儸紀公園（Jurassic Park），風景美極了，但是工作很累人。

當我第一次加入史蒂夫實驗室時，正要開始攻讀博士學位，意味著我要極力爭取教授的關注和補助金，最重要的還有鳥類。在研究瀕臨滅絕的物種時，你會迫切地希望獲取任何數據，而研究少數鳥類的唯一好處是我們了解這個物種中的每一個個體，每隻鳥都有一個獨特的「名稱」，由輕巧的彩色腳環指定，我們將腳環像手鐲一樣套在牠們的腿上。我們進行工作的生物研究站分為兩個部分：北部區域主要提供給進行中的研究以及一群常年實習生和研究人員，而南部區域實際上由我們實驗室所擁有，我們像一群叛逆的孩子，來這裡度假，把南半區變成了我們的遊樂場。

蕭克實驗室的研究人員每天都在黎明時分出門，在南部區域尋找陌生鳥類，我們會誘捕牠們並繫上腳環，然後進行我們的研究，儘管在同一個實驗室，但我們每個人都有各自的研究項目，而且都需要這些鳥來進行研究，這是一場對任何人開放的競賽，相當於《飢餓遊戲》（*Hunger Games*）等級的競爭，我們每天在田野中花十個小時，一個星期七天皆是如此，以便盡可能地標記更多鳥類，這樣實在太瘋狂了，任何人都贏不了這場競賽。

史蒂夫很少來田野工作站，因為他被孟菲斯大學的教務給絆住了，當他真的來訪時，他會穿著夏威夷襯衫，坐在我們野外屋子的草坪上，抽著一支廉價雪茄，喝著一杯瑪格麗特，我們大多數人都覺得他很礙眼，這也可能剛好是他的意圖，只要他不斷抱怨我們在捕鳥方面有多麼糟糕，在容忍他的同時，我們感到更加綁手綁腳；在史蒂夫回房睡覺後，我們一起熬夜密謀，喝掉他剩下的瑪格麗特，計劃擺脫這個傢伙的阻礙。

然後到了執行計畫的那一天，當天早上史蒂夫從野外回來，雙眼冒著火星，嘴巴吐露出許多我無法評判的精采語言，他說自己走到北區和南區的交界處，看見幾個「目中無人的實習生」從北區來「偷走」了其中一隻鳥，他的鳥，也是我們的鳥，是南區蕭克實驗室的鳥！

那個瞬間點燃了我們所有人的怒火，而且是我們團隊行為發生強大轉變的催化劑，現在出現一個外部因素，這與我們自己部落中的競爭無關，我們現在正要與北區研究人員抗爭，他們是首要的競爭對手，我們一直忙於計較自己內部的數量，疏於團結對抗真正的敵人，我們必須討回那隻鳥，甚至於更多。

因此促成實驗室經歷了最具創新意義的捕鳥之年。我們建立並組織一個全新的搜索系統，以便每個人都可以共享鳥群，使我們可以涵蓋更廣的範圍，共享表格隨意散佈在廚房的桌子上，因此我們可以看到合併後的團隊在哪裡搜尋，我們結合成為一個效率機器，分工合作去追蹤、監視、輸入數據，甚至一起料理三餐，以善加利用我們的時間和增進執行任務的能力；我們採用新的誘捕方式，包括將剛孵化的鳥從鳥巢中拿出來，以標記尚未離巢的雛鳥，我們打造了高科技陷阱，施放誘餌後，只需按一下鈕就能遠距關閉，甚至還開發了一個無線射頻辨識標籤，以選擇性地用美味點心餵食我們的鳥類，而不是北區的「其他」鳥類。

我們實驗室的文化也發生了轉變。我們開始一起吃飯和喝酒，安排時間看電影和進行娛樂活動，在當地的湖泊玩西瓜馬球，或者在星期天進行即興的槌球比賽，實驗室的整體氛圍變得更加正面積極，當涉及捕鳥時，我們的目標是擊垮北區，最重要的是，每個人都獲得更多的個人回報，各自的項目也得到了更多的鳥群數量。

結果證明，合作是一個比內部競爭更好的策略，後者使我們忽略了解決方案，劃出完全錯誤的歸屬界線。儘管我們每個人都希望蒐集最多的數據，並且在主管眼中成為一個「贏家」，史蒂夫知道我們可以共同完成更多工作，而且他也獲得了回報，我們的合作顯著地增加了史蒂夫實驗室的論文發表數量以及研究補助金額。

那個夏天發生的事是個絕佳例證，說明**任何人都可以利用我們最強大的本能——歸屬感，來建立整個組織中的正向成長和信任程度。**

首先請了解到，我們很自然地會對於那些「圈外人」建立負面聯想（我們將在下一章對此進行更多討論），然後，在團隊內部會產生正面的聯繫。

我要坦誠一件有點尷尬的事情。我現在常常出差，但是事業剛起步時，出差旅行是件不得了的大事，我記得第一次遇到一小群旅客，讓我立即了解旅行的重要性，在獲得更多飛行里程數之後，我開始偶爾會升等到頭等艙；過沒多久，我漸漸渴望地看著登機門螢幕上的升等列表，希望找到「蕾貝卡・海斯」旁邊的勾選框框，當它變成綠色時，我會感到特別激動，因為我可以坐在頭等艙享受一杯葡萄酒，其他人卻只能擠在飛機後方；幾分鐘前，我可能已經在第二個登機「等級」，然而一旦獲得升級，我覺得一切都是我應得的，彷彿我比較重要，甚至當我還沒到達機場就可以升級到頭等艙時，我事實上開始瞧不起在登機口等待升等確認的旅客。天啊，寫下這些，讓我覺得自己像個混蛋，實在太荒謬了！他們跟我沒有什麼不同，我在其他航班也會跟他們一樣，並沒有比其他乘客更高貴。

重點是，公司不用花太多錢就可以增強員工或客戶的歸屬感，以及隨之而來的附加感受。航空公司的忠誠度計畫出色地利用這種排名系統，在特定航空公司的「家族」中建立明確的排名位置，所有乘客（家族成員）都屬於飛行常客俱樂部，但是誰賺得更多里程數是一目了然，擁有美國航空行政白金卡會員的人可以享受艙等升級的經驗，但是這種特權沒有限制條件：任何人都可以實現。當這不是一種零和遊戲時，每個人都可能成為贏家，一個人的成就不一定意味著另一個人的犧牲。

但是，現在想像一下，如果達到該地位的條件和機會都受到限制（例如頭等艙的座位數量極少），事態將會急轉直下，在資源結構有限的情況下，會招致不必要的競爭，那些優越感幾乎變相導致詆毀他人的行為，努力爭取認可的人們會製造一種暗箭傷人、諂媚以及抹黑的文化。

對於我們的祖先來說，為自己取得「更多」而給他人留下「更少」是他們生存的關鍵，畢竟那是一個資源稀少且充滿危險的世界，如果你不為自己爭取更多，沒有其他人會為你做。但是在現代的社會，互助合作的行為是團隊成功的關鍵因素，請容我用另一種鳥類來做比喻，因為這個說比較貼切：有時候，生活似乎像一種「贏家通吃」的鷹派遊戲，我們甚至可能將鷹派視為具有值得仿效技能的偉大獵人，但我持相反的論調，如果我們在生活和商業中遵循烏鴉的合作策略，將會取得更大的利益。

商場是老鷹的戰場（但是烏鴉表現更好！）

我在職業生涯的大部分時間都致力於研究備受非議的烏鴉，實際上牠們是很聰明的鳥類，具有高度合作的特性，一生中的大多數時間都選擇在大家族中互相幫助，例如，當烏鴉在道路或高速公路等危險地點覓食時，其中一隻會在覓食區域以外擔任哨兵，並且隨時用「烏鴉叫聲」警告其他同伴注意潛在危險，這就是你可能從未看過道路殺傷烏鴉事件的原因，牠們透過建立合作聯盟來彌補自己的盲點，確保牠們用輪值站崗的方式換取最大的利益（在這個情況下指的是食物）。

另一方面，引用阿爾弗雷德・丁尼生（Alfred Tennyson）[3]男爵的描述，老鷹擁有「天生血紅色的利齒和爪子」，牠們是凶猛的競爭者，行事獨立且殘酷無情，我見過老鷹直接從烏巢中撕碎了烏鴉的雛鳥，帶回去餵養幼小的老鷹，一些剛孵化的老鷹仍在鳥巢的時候，為了爭奪生存權，竟然上演手足相殘的行為；老鷹象徵著不惜一切代價的心態，也是許多企業期望從新人身上見到的，因為我們認為這種人將會推動我們的企業目標，鷹派被視為力量、權勢和競爭力的象徵；然而，儘管鷹派可能在單獨的戰鬥中具有優勢，如果一家公司單純由具有競爭性的鷹派組成，組織層面會發生什麼事情？就好比二〇〇〇年代初期的微軟（Microsoft）。

在二〇〇〇年十二月的巔峰時期，微軟是世界上最有價值的公司，僅僅兩年後，在蘋果股價飆升的同時，它的股價幾乎沒有上漲，究竟發生了什麼事？微軟大量雇用且訓練鷹派的員工，推動一項名為「強制分級評等」的政策，所有員工按照常態分布曲線進行績效排名，這項措施使員工變成彼此競爭的鷹派，也削弱了公司的創新能力，因為員工只專注於內部競爭，而不顧外部力量和長期市場趨勢，微軟就像那一群年輕的研究生，亂無章法且效率極差，拚命地爭奪佛羅里達州的鳥類數據。

企業經常犯的一個錯誤，就是高估應徵者會不計一切代價地完成工作。當聚焦於正確的地方，比如達成團隊的最高使命，這種「不計一切代價」的思維肯定會表現驚人，同樣地，當鷹派的注意力集中於外部競爭時，他們可以展現更多價值；但是，如果鷹派無法成為內部合作文化的一部分，他們將會由內而外摧毀整個團體。

請思考一下，當我們在招募過程中採用鷹派思想時，會發生什麼事：我們對應徵者進行排名，雇用「最佳」的求職者，讓對方進入組織，然後成為鷹派，恭喜你已經在公司內部啟動了達爾文的個體選擇模式，即「適者生存」，這種選擇已被證實不健康、殘酷且沒有效率。

有一個與雞蛋產業相關的實驗說明了老鷹與烏鴉之間在生產力方面的分歧。像任何前景看好的產業一樣，母雞下蛋的產業一直在尋求增加雞蛋產量的方法，為了培養一群下蛋能力最強的超級母雞，普渡大學（Purdue University）的威廉・繆爾（William Muir）博士遵循了微軟分級評等的邏輯：將最好的下蛋者集中在一起並且淘汰其餘的，繆爾挑選了產蛋量最高的母雞，將牠們放在雞舍中，然後利用最有生產力的母雞接二連三地繁殖出後代，結果呢？母雞的死亡率高達百分之八十九。

最優秀的下蛋者之所以能脫穎而出，是因為牠們極具攻擊性，當與其他母雞放在一起時，牠們會對同類進行致命的啄食、互相拉扯羽毛，並且惡劣地攻擊裸露的皮膚，許多母雞即使沒有死掉也會受到重傷，這些就像是扮成母雞的老鷹。

超級母雞不會為了群體的利益而努力，只會富有攻擊性地壓制其他母雞的產出能力，牠們透過踐踏別人而拔得頭籌。當鷹派主宰一切時，對每個人來說都會導致災難性的結果。

同理，**為了保護我們工作場所的合作文化，傳統的階級制度必須被瓦解**，因為排名系統助長了內部競爭，驅使鷹派專注於獲取組織內部的地位，結果看起來很像互相啄食的鳥類，每個人都在鬥爭以獲得更高的排名，大家寧願踐踏彼此，也不願關注外面真正的競爭對手。

鷹派領袖

我們的大腦天生就能夠快速建立等級排序，因為這麼做有助於減少浪費時間和精力去釐清各種瑣碎事務，但是僅止在特定狀況下才能有效發揮：必須有明確一致的標準來建立、維持排名的等級，而且對於「家族」或組織中的每個人都有可以達到最高等級的無限可能（換句話說，第一名沒有限定名額）。

微軟忙於分化員工時，他的主要競爭對手蘋果已經採取完全不同的做法，比起對員工進行分級評等，蘋果依賴扁平化的組織結構和強調相互合作的文化；後來奇異的裝配線模式也將這種概念套用在工程、設計和行銷，每個部門的代表同時致力於開發一個整合型產品。

在商業內幕（Business Insider）網站有關這家電腦龍頭的報導中，前蘋果承包商布蘭登・卡森（Brandon Carson）說明，儘管賈伯斯具有專制的天性，公司內部卻渴望且需要一種協作的氛圍，他說：「你的工作受到同儕的審查，我們必須向整個團隊報告工作，並且得到反饋。」另一位匿名人士告訴商業內幕：「基本思維如下：你是龐大組織的一份子，你在大廳談論的想法，在串接樣式表（cascading style sheets，簡稱CSS）[4]發現的巧妙技巧，以及全新的一體成形加工技術，這些都是你工作的一部分，是你獲得報酬後為了促成蘋果的成功而必須做的事情，不是為了滿足你的自我而寫在部落格上的文章，別搞砸了所有事情。」

蘋果捕捉到人類強烈的歸屬感，使團隊規模較小，而且成員宣誓保密（所以前面的消息來源不具名），員工面臨的競爭並不是排名或頭銜，他們面對的是如何使整個組織變得更好的挑戰，他們企圖讓所有人都進入頭等艙。

蘋果還達成一些非凡的成就，為部落本能的另一個重要特點提供了一盞明燈。有時身為一個領導者，我們必須自願擔任一般敵人的角色，以驅使團隊關係變得更加緊密，也就是說領導者必須扮演鷹派；在蘋果公司，好鬥之人通常不是員工，而是他們的上司。

史蒂夫．賈伯斯因脾氣暴躁和不耐煩而臭名昭彰，對於任何層級的員工，他都會隨時嚴厲地考驗他們是否具備在蘋果工作的能力。

戴比．科爾曼（Debi Coleman）告訴《哈佛商業評論》：「賈伯斯在會議中會大喊：『混蛋，你永遠沒辦法把事情做對。』」可是，根據科爾曼的說法，他和團隊中的其他人都認為自己是地球上最幸運的人，因為他們正在為賈伯斯工作；無論是否刻意這樣做，賈伯斯願意被當作大家的敵人，他知道自己對於完美事物的吹毛求疵能夠使他的隊員齊心協力，他的目標是打造一個由創意驅動而非由階級運作的公司，只有最棒的想法才能被接受，為了傳達這些最優秀的想法，需要團隊所有成員（或者說才華洋溢的烏鴉們）共同協調他們的技能。

這種激勵的技巧正是我的指導教授史蒂夫在他的實驗室中採用的方法，而克萊姆森大學的教練霍華德則在球場上運用了這種方式，當他告訴球員：「如果你承諾會付出一百二十分的努力，便可以觸摸這塊石頭，但如果你做不到，就拿開你的髒手！」

有時候在上位者採取鷹派作風的確會發揮效果，但是，當其他人試圖模仿這些領導者的強硬風格時，卻經常沒搞懂「何時要當老鷹」以及「何時要改變策略」才是不可不考量的重點。

我可以想像許多蘋果員工對賈伯斯的恐懼，我當然也想在指導教授面前維持最佳表現，但是我永遠不會忘記，在博士學位的口試中，史蒂夫站起來走向其中一個考試委員會的成員，那個人當時用奇怪且不相關的問題來盤問我，史蒂夫對他說：「如果你正在演一個混蛋，我認為可以結束了。」從那一刻起，我對史蒂夫・蕭克的忠誠永遠存在，雖然他在大多數的互動中是一隻老鷹，但是當外界威脅來敲門時，他卻是第一個維護我，並且將鉤狀鳥嘴朝外攻擊的人。

成功的賽局理論

我們做出的大多數決定都是由恐懼或互惠所驅動，互惠可能也源自於某種程度的恐懼，比方說，假如我們擔心沒有互助的潛在後果，互惠就可能發揮作用，「如果你幫我抓背，我也會替你抓背。」是合作行為的強大驅動力。觀察烏鴉（真正的鳥）時，我們看到了牠們願意「犧牲」覓食時間，讓整個群體受益，烏鴉深知「犧牲」進食時間（即一次舒服的抓背）將帶來巨大的回報：牠們晚一點可以放心地狼吞虎嚥。

這個事實背後的原理是一種名為「賽局理論」的數學模型，而烏鴉們充分利用了這個理論。賽局理論模擬了個人在既定情況下應該如何理智地思考，並且採取使個人利益最大化的行為，這些利益可能是有形的，例如加薪或更多休假，也可能是抽象的，例如權勢、幸福或引起喜歡對象的關注。

請設想賽局理論在鷹派文化的職場如何運作，在這種環境的每個人都在互相競爭，而且願意不計一切代價來提升他們的個人地位，此時將個人的相對報酬做成視覺化呈現將會有所幫助，因此，我們使用任意數字來呈現獲得的利益，假設獲勝的潛在收益是五分，在任何的互動中，如果小組中的一個人對另一個人展現「鷹派」作為（例如，從背後中傷同事以得到升遷），將會讓鷹派同仁受益，同時傷害表現得「更像烏鴉」或者說更加合作的同事，到這裡為止，公司內部的鷹派和烏鴉派的積分為：

鷹派：五分

烏鴉派：零分

但是，如果烏鴉因此激怒而決定改成鷹派作風呢？在下一輪中，他們都表現出鷹派風格，互相詆毀對方的缺點，他們最終只能平均分配這五分，而且同樣都因為爭吵受傷（無論身體或名譽）而必須付出代價，他們非要拚個你死我活的做法，只會阻礙專案的往前推展，最終使他們兩個在團隊面前灰頭土臉，記分板現在接近：

鷹派一號：二．五分（平分的資源）－三分（爭吵的代價）＝負〇．五分（整體報酬）

鷹派二號：二．五分（平分的資源）－三分（爭吵的代價）＝負〇．五分（整體報酬）

即使鷹派員工靠著爭吵贏得一些資源，戰鬥的成本及其所產生的負面情緒將無可避免地讓他們趨於完全的劣勢。

那麼，假如所有人捨棄追求個人利益的鷹派策略，選擇表現得更像烏鴉的行為，將會發生什麼事？這種類型的思維端賴於有目的地產生強烈的團體歸屬感，任何人擁有越強烈的歸屬感，越不容易展現出鷹派行為。

就個人而言，最初的報酬可能看起來並不吸引所有鷹派人士：

烏鴉派一號：二．五分

烏鴉派二號：二．五分

烏鴉們將可以平分利益，而且不會產生任何戰鬥成本。

但是，當有可能得到五分的利益時，為什麼要接受平分的情況呢？當收益看起來更少時，為什麼有人願意與另一個人合作呢？訣竅是從**更宏觀的角度去看待不同競爭層級的潛在收益**。

並不是烏鴉派在內部合作時會得過且過，或是裝聾作啞，他們只是會選擇正確的競爭對手，聽起來似乎違反直覺，如同當其他烏鴉在進食時，在遠處擔任哨兵似乎不是一個好策略，然而，透過積極參與互惠互利，整體報酬將會更大。成為贏者通吃的鷹派傾向可能會促使我們尋求快速解決的方案，卻只會使我們相對領先於內部的競爭對手（如果有「超前」的表現）。

假設有一家新創公司的虛擬團隊，團隊一由烏鴉所組成，他們表現相互合作的行為，共同推動令人興奮的新穎項目，不關心個人酬勞或利益，他們的整體團隊分數為二・五分，沒有巨額的個人收益，也沒有巨大的個人損失，其實這種假設情境並沒有排除分級評等，當然有些烏鴉將有權獲得更大或更小的份額，但是最終的資源仍然可以和平地分配，而不會有任何紛爭，因為每個人都了解自己貢獻的程度。

另外假設團隊二由烏鴉和老鷹混合組成，而團隊三純粹由老鷹組成，他們相互競爭，且總是努力超越其他人，團隊二和團隊三的項目可能會順利開始進行，因為兩隊的領導者會不惜踩在競爭對手的身上，試圖表現得更好（可能因為想法而得到讚美，或是貶低對方而獲得潛在伴侶的青睞），整個團隊的分數可能接近負〇・五分，有些成員獲得收益，另外一些成員蒙受損失，所有人爭奪等級、表揚、地位及頭銜的零和資源，換句話說，每個報酬皆與「戰鬥」或「競爭」成本有所關聯，這兩個團隊不可能毫髮無傷或毫無瘡疤。

如果團隊一（全部烏鴉）和團隊二（混合）或團隊三（全部老鷹）直接競賽，哪一個會贏得勝利呢？希望你已經一眼看出答案是團隊一。

這些都是真實發生在商業世界和大自然環境中，下次當你看到空中有一群烏鴉與一隻單獨的老鷹對峙時，請試著觀察看看，當真實的烏鴉成群聚集起來不停發出叫聲時，通常是因為牠們正在齊心協力驅趕那隻老鷹。同樣地，在我們假設的新創企業中，團隊二和團隊三都毫無機會，讓一百隻老鷹對抗一百隻烏鴉，最後烏鴉會有系統地協調合作，運用整個鳥群的力量，趕走每一隻老鷹，而後者只忙於關心自己的需求並且針對搶先去吃的同類，一群烏鴉代表一個優秀的殺手，而不是一個快樂的意外。

無論在生物學、商業和生活方面，團結合作終會贏得勝利，當不同的員工和團隊了解合作的力量以及如何最有效地利用競爭時，他們可以聯手擊垮競爭對手並且主宰市場，尤其在獎勵以續約、加薪和獎金的形式開始大肆表揚的時候；當團隊表現優秀，代表所有參與成員同時都有良好表現，我們在最初投入團隊的一點付出，到最後可能由團隊中的個體爭取到十倍的回報。

付出終有回報

烏鴉向我們展示了互惠循環的概念：不斷付出的禮物。互惠循環給了我們一種認知，將東西贈送出去，並非意味自己擁有的變少，實際上，互惠在不斷再生的狀況下才會發揮效用，這不像切蛋糕，無論用什麼方式去切，每塊都變得越來越小。許多時候，當一個無私的領導者賦予權力給周遭人時，就會發現自己擁有更多的力量，團隊也將更有效地運作，並且鞏固其領導地位。東北大學（Northeastern University）大衛・德斯諾（David DeSteno）博士在實驗室操作的聰明實驗甚至闡明，當受試者覺得感恩，他們在交換經濟商品時的慷慨度提高了百分之二十五，同時使其他人也覺得感激，形成一個正向循環，使小組中所有人都有極大的受益。

在一個資源豐富的環境下，給予他人更多不一定代表著我們獲得更少，我們直覺地認為許多東西（例如權勢、金錢、愛心）都是稀少有限的，其實不然，甚至是完全相反，它們是可再生資源，用於建立合作性烏鴉之間的互惠關係，確保它們可以一次又一次地再生。

生物機制會驅使我們想要去回報：當某個人為你做了某件事，你會感到欠他人情，好好地利用這個天生的生物機制，你可以培養日常習慣來建立互惠關係，每天一次，試著「犧牲」你的時間、金錢或（也許是最強大的）注意力，不一定要做什麼事，也許只是在大街上停下來幫助那些看似需要指引的陌生人，但是困難之處在於：你不能期望得到任何回報。

對於回報的期望，會使我們的大腦釋放多巴胺，如果遲遲沒有發生，多巴胺的水平就會驟降，讓我們感到痛苦，請回想上次你期待工作晉升或者確信另一半為你購買生日禮物，當升遷機會給了其他人或者禮物不符合你的期望時，你所感受到的失望之情。

反過來說，如果我們訓練大腦不要期待任何回報，當你得到回報時，驚喜的互惠反而讓我們獲得更高水平的多巴胺，比原先期待升遷或特別禮物的時候還要高出許多。

重新教育期望獲得回報的鷹派本能的另一個動機是：事實證明，**當我們為他人做好事時，這種行為本身給我們帶來了多巴胺作為回報**，研究發現，付出的舉動使我們感到更幸福，並且在不久的將來增加我們再次做出善舉的機會。因此，積極的反饋循環主要透過我們自己的內在幸福感來加強和維持，而不是依賴其他人的不可靠回報（可能會或可能不會出現）。

藉由每天花三十秒鐘為社會做出積極的貢獻，可以重新訓練大腦的資源稀少思維，不再被迫表現得像老鷹一樣，你會開始思考自己的行為如何對情緒和社群產生積極作用，而不是糾結於這個社會欠了你什麼東西，當那些意想不到的獎勵回饋給你時，你會感到真正的愉悅，而不是因為未滿足的期望或未收到的禮物而感到失望，你會漸漸意識到生活中最有價值的事物，例如合作、愛心、歸屬感和目標，都是可再生的資源。有句諺語說：「你能得到多少，表示你付出了多少。」已經歷了歲月一次又一次的驗證。

身為社交媒體大亨、企業家和葡萄酒博物館執行長蓋瑞・范納洽（Gary Vaynerchuk）[5]在他的部落格中回憶道，有一回在暴風雪期間他親自送了一瓶低成本葡萄酒給一家人，這是一個代價昂貴的決定，但是他的回報是獲得豐富的多巴胺，正如范納洽所述，他提供了超乎預期的最佳顧客服務，然後出現了第二個出乎意料的衝擊：顧客的兒子對於提供給家人的服務感到非常滿意，因此他在幾個星期之後打電話向這家公司下了一筆大訂單。做正確的事情通常會帶來回報，但有時意外的二次獎勵會更加促進這個良性循環。

培養烏鴉文化

在許多互惠互助的生活圈和團體中召集更多成員，可以使這些群體成長得越來越快，成長的面向不僅限於實質財富，甚至還包括無形的財富，比如社區意識、合作意願、歸屬感和忠誠度等。

大量研究指出，牢固的社會關係是改善生活質量的關鍵，我們可以從一個常見且基本的信任開始：如果我幫助了你，你也應該將人情還給我。

哈佛大學的研究人員從一九三八年開始進行一項縱貫研究，主要追蹤兩百六十八位大二學生的健康和幸福狀況，到目前為止有何重要發現？具有良好關係的人們比那些社交關係薄弱的人擁有更好的整體幸福感和健康狀態，沒有其他因素更具影響力，不是金錢，不是名聲，也不是擁有度假房子的數量，更不是一口氣可以吃掉的糖果棒數量。

幸福的祕訣從來都不是累積更多資源（房子、賽車、性伴侶），反之，**幸福會隨著合作互惠而來**，換句話說，在一群志同道合的烏鴉中可以找到幸福。

從生物學上講，我們的多巴胺系統實際上會獎勵自己從事合作互惠的行為，當我們有「捐贈給慈善機構」或「為自己保留金錢」的兩種選擇時，大腦的愉快區域都會在這兩種情況下發亮，表示真心的奉獻使我們感覺良好；事實上，至少有一項發表在《科學》期刊的研究報告表明，那些在自己身上花錢的人，比在別人身上花錢的人不快樂；在這個物質富裕的世界，越來越多的研究證實，付出貢獻、表現合作以及支持他人可以使人感覺良好。

建立歸屬感文化需要時間和信任，但是，有鑑於我們與生俱來傾向於遵守互惠原則，應該利用此優勢來推動我們和他人對這些正向歸屬感的直覺，促成的互惠程度就會越高，與周遭其他人的信任和合作就會越多。

建立信任與合作的一種方法是在同事、隊友、鄰居和朋友之間建立起類似家庭的聯繫。為什麼有這麼多成功的領導者與員工交談，彷彿他們是一個擁有共同的目標的大家庭呢？也許他們知道我們本能地相信自己的家人。

在家庭的群體中，高度的親密關係，意味著如果你欺騙兄弟，從基因上來說，你也在欺騙自己，因為你與手足和父母有百分之五十的血緣關係，無論你從兄弟姊妹或父母那裡拿走什麼東西，你也將自己的一半奪走了，從嚴格的遺傳學角度來看，當他們遺失時，你也會如此；同樣地，他們的勝利也會與你分享，當一個兄弟放棄職位，讓他的年輕手足得以升職時，似乎是一種無私的舉動，但是那位錯過晉升的兄弟與其他手足的親密關係足以使他獲得一些好處，換句話說，當你與贏家有關係時，等同於你也獲取某方面的勝利。

期望促進員工之間的合作和無私奉獻，明智的企業可以營造家庭般的氛圍，最簡單的方法之一就是建立一系列大家都可以自由參加的傳統活動：每月一次的保齡球之夜，每年二月在辦公室舉辦友恩節（Friendsgiving）[6]晚餐，嘗試拍攝網路爆紅影片，大自然健行等等。

在阿奇波德生物研究站，我們將星期一晚上定為家庭聚餐，全體人員會輪流負責烹飪和清潔的工作，除了可以享用各種美味且獨特的料理，在完成所有清理工作之後，我們經常會繼續聊天、談天說地或高歌，以及演奏樂器直到深夜。

有時即便是愚蠢的傳統，起碼也能讓員工當成笑話來侃侃而談。有一家塑膠卡片加密技術公司（Plasticard-Locktech International）每年舉辦「滑稽獎」之夜，為整年度發生最愚蠢的事情頒發獎盃和獎品；天力諮詢公司（Human Dynamics）的員工每到下午三點都會在各自的椅子上旋轉三十秒鐘，使人發笑並從下午的沉悶氣氛中恢復活力；其中一個我最喜歡的傳統是來自奧勒岡州波特蘭市（Portland, Oregon）露比線上客服（Ruby Receptionists），該公司根據選定的主題來慶祝星期五，從特製的帽子到網路爆紅的服飾一應俱全。

這種動態活動適用於各式各樣的團體：學校的睡衣日、保齡球聯盟的瘋狂帽子日以及社區街頭派對都可以達到相同的目的，無論你的公司或家庭擁有什麼樣的傳統，只要每個人都被接受、被邀請並且能夠參與，其中界線的拿捏可能有點像走鋼索，畢竟沒有人想被迫參加，因此，即使宣揚傳統很重要，適時地改進也有其必要性，適時地建立友愛的氛圍一定能有所收穫，還可以使團體度過艱難時期。

為了激發員工的潛力，他們需要打從心底對組織有歸屬感，也許這就是落實員工持股的公司往往能成功的原因。

全國員工持股研究中心（National Center for Employee Ownership）的一項研究顯示，員工持股公司比同業公司表現更好，而且擁有顯著較低的離職率。

百分之十三由員工持股的西南航空公司（Southwest Airlines）了解家族凝聚感的重要性，尤其在困難時期，它的年度傳統包括每年三月十五日要分配數百萬美元，作為其利潤分享計畫的一部份。對家庭文化的特別重視正是西南航空能夠安然度過九一一攻擊事件後載客航空運輸驟減的關鍵因素，在大規模衰退時期，許多航空公司進行了裁員，但是西南航空沒有解僱任何一名員工，共同創辦人赫伯．凱樂赫（Herb Kelleher）反而要求整個團隊統一減薪，以幫助他們如同兄弟姊妹的同事保住飯碗，後來令人驚訝地在二〇〇一年第四季仍然保有盈餘，他們不僅共同撐過難關，也按照承諾將一億七千九百萬美元撥入員工利潤分享計畫來慶祝。

領導者可以先自願模仿烏鴉般的行為，來打破鷹派作為，並且帶動互惠合作。領英（LinkedIn）公司的執行長傑夫・韋納（Jeff Weiner）的確這樣做，當公司股價在二〇一六年暴跌時，他沒有從自己持有的一千四百萬美元股份紅利中牟利，而是將這筆錢轉交給了員工，從而鼓舞員工士氣和公司內部的歸屬感，足以使股價反彈至接近他們的原始價值。

有時候，危機處理得當，可以在同事之間建立聯結，使他們覺得自己像家人，並且願意為彼此的利益相互投資。在二〇一九冠狀病毒危機期間，世界各地的公司都設法集思廣益來保住工作，在出版業收入驟降的情況下，巴茲費德（Buzzfeed）公司幾乎削減了每位員工的薪水，執行長喬納・裴瑞帝（Jonah Peretti）甚至拒絕拿自己的薪水，其他各行各業的組織也紛紛跟進。科技集團思科系統（Cisco Systems）的執行長查克・羅賓斯（Chuck Robbins）在接受彭博社採訪時說：「我們積極投入社區，以幫助受到疫情影響的人們，沒有人希望這些問題發生。」幾乎所有蒙受二〇一九冠狀病毒大流行的公司都做出了各種讓步，從減薪到無薪假，每個企業都在力求生存，並且讓他們的員工也繼續待在同一艘船上。

如果沒有明確的歸屬感，在任何危機中公司都很容易讓員工變成鷹派，爭先恐後地奪取他們各自能得到的一切，最後可能導致組織解散和員工失業。

打破僵局

展現脆弱和慷慨，為他人提供報答及擺脫鷹派行為循環的機會。一九八〇年，密西根大學（University of Michigan）教授羅伯特・艾瑟羅德（Robert Axelrod）徵求賽局理論家進行在各種情況下合作（烏鴉）或自私（老鷹）的策略，由於每種策略都與其他策略互相衝突，模式逐漸一一顯現，艾瑟羅德肯定其中最具破壞力的情況之一，就是在互動中將烏鴉誤解為老鷹，在這種情況下，另一位玩家作風轉為強硬，以防禦對方，原本的玩家同樣表現得像老鷹，儘管他是一隻烏鴉，因此，鷹派的破壞性行為模式持續危害兩位玩家。

我們經常發現自己在工作和生活中陷入類似的狀況：當有某個人產生失誤，我們不是原諒對方，也不是與對方一起正視問題，反而會調整自己的行為去適應這種不明智的行為，使我們困在相同的破壞性模式中。

最近我在俄亥俄州與二十位執行長進行深度訪談，當我開始質疑他們的某些信念時，我看到一名坐著的男子將上半身往後傾斜、雙臂交叉並且皺起眉頭，在這樣的研討會環境中，我要求參與者積極挑戰，也鼓勵互相討論我所提出的想法，從他的肢體語言來判斷，我知道我們雙方應該會有一番口頭交戰。

果不其然，他朝我開火，反對我剛才提出的一些想法，於是我的直覺本能掌控了身體，然後向他反擊回去，大多數演講都朝著這個方向發展，而且討論會變得更加熱烈，甚至可能變成人身攻擊，我清楚地記得在中場休息時看到他，腦海中對於他的道德品格沒有多少親切的看法，努力避免出現在他的周圍，而且發現他用同樣的方式來對我，我們兩個人都以微妙且尖酸的方式冷落對方。

接近尾聲時，我給小組做一個練習，每個人都必須大聲說出研討會的一個真相，當教室中的每個人逐一表示後，我取得了壓倒性的正面回饋，然後輪到那個男人發言的時候，

他說：「你也知道，今天大多數的時間中，我不太喜歡你。」這種時候，只要我

能提供價值給別人，我向來以自己不需要別人的「喜歡」而感到自豪，但是這句話令人不安，它與講題無關，是一個非必要的羞辱，我打算武裝自己，向他發動報復性的反擊，慶幸的是，在這些話語從我的口中溜出去之前，我注意到了一個轉變，他的姿勢改變了，他在桌子旁邊坐下來，身體往前傾，不像原本那樣皺眉，嘴角似乎微微上揚，當他繼續說話時，我閉上嘴巴默默傾聽。

他說：「我錯了，我對妳說的話感到排斥和憤怒，並且向妳發火，因為這樣比檢視我自己的行為還要容易。」

我心頭一沉，我一整天都沒有讚美這個人敏銳的評論，因為每次互動我都準備與他對戰，卻沒有盡我所能領導這個小組，因為與這個人進行第一次互動之後，我覺得他不是輕浮就是無禮，而否定了他對討論有任何進一步的貢獻，然而一旦他的態度軟化，我的防禦也瓦解了，那天我要離開時，我們含著眼淚擁抱彼此，感謝從對方身上汲取的教訓。

展現脆弱是極其困難的事情，沒有人希望被視為軟弱或是讓其他人占了上風，但是，正如身為研究教授和暢銷書作家的布芮尼．布朗充滿自信地表示：「**脆弱無關乎**

勝利或失敗，它代表的是當我們無法控制結果時，依然有勇氣表現出來給別人看，脆弱不是弱點，而是我們最大的勇氣。」我們要如何在群體中展現柔弱，同時維持偶爾需要防禦鷹派的力量呢？我認為首先需要仔細研究如何找到歸屬感的界線。

找到共同的敵人

我很想說，我們的大腦非常和諧寧靜，然而事實並非如此。大腦會不斷重繪敵人的範圍，通常是以熟悉程度和是否願意幫助的位置排列，儘管這些界限在確認「非我族類」的敵人時曾經很有用，但在我們脆弱的現代環境中，這種本能會立刻引發同事或部門間不必要的爭論，而忽略了更重要的事：我們所有人都在努力實現同一個目標。

別灰心，我們可以善用這種本能。

為了對抗部落本能的消極層面，我們必須自覺地建立強大的新「敵人」路線，不要根據熟悉程度或短暫的偏愛，而要畫出明顯可以承受內部挑戰的敵人分界線，參考我們對運動球隊所劃分的界線：對於誰應該投球或者他們是否該嘗試達陣得分，你和我可能產生意見分歧，但是最終我們仍然為相同的結果歡呼，我們都希望自己支持的隊伍（我們的部落）獲得勝利。

我是波士頓紅襪隊的忠實球迷，走進芬威球場，我一眼就會看見我的部落，他們都穿著正確的顏色和正確的標誌，並且為支持的團隊歡呼，我與他們一起喝酒、擊掌，有時甚至擁抱完全陌生的人，只因為他們的襪子是紅色的；當然，我也可以立即判斷且標記我的敵人：那些戴著紐約洋基隊帽子的輸家，我顯然對那些洋基隊球迷充滿了仇恨與嘲諷，但是，任何熱衷於運動的人都知道，良好的對戰遊戲是眾望所歸的，因為雙方都有明顯的敵對者，足以凝聚團體內的成員。

有幾家大型企業已經找到了創造歸屬感的有效方法，並且成功地利用這些方法來發揮自己的優勢。請思考以下幾個企業的主要競爭對手是誰：

可口可樂（Coke）

麥當勞（McDonald's）

蘋果電腦（Mac）

應該很容易想到百事可樂（Pepsi）、漢堡王（Burger King）和幾乎任何一家電腦製造商，當組織可以快速且清楚地界定一個主要的敵人，即公司之外的競爭對手，它就會激發一種本能，使我們的大腦在所有部門周圍劃清界線，或者挑戰另一個人的好主意，或者搜索出我們團隊中的「其他人」。

儘管如此，我們必須小心策劃一個共同的敵人，如果競爭對手突然變成你的團隊成員會怎樣？請回想泰弗爾最小團體研究典範的成員，儘管一開始隨機分配到新團體中，他們在加入新群體後仍然遭到歧視，想要克服原本構建的負面聯想實為相當困難。

與其選擇一個實體的「他人」來妖魔化，不如創造一個更抽象的敵人。蘋果公司沒有將所有電腦相關人事物視為共通的敵人，反而轉向了抽象的概念：差勁的設計或拙劣、無聊、傳統的思維，這些都成為主要的敵人，開創了電腦、多媒體播放器、手機的多元化品牌時代，並且引起了那些信奉「不同凡想」口號的追隨者崇拜。

我想分享一個關於共同敵人的故事，主角是一個醫院的維修人員，有一天，他正在修理一扇旋轉門，一個陌生人走向前詢問他：「你在做什麼？」這位工人可能給出一系列回應諸如：「我正在修理這道門」、「我按照老闆的指示在做事」、甚至是「你為什麼想知道呢？」

反之，他卻說：「在這家醫院，我們的信念是要盡一切努力使患者的痛苦降到最低，當我們的病人被推過這個區域時，這個門會擋住且搖晃他們躺的病床，使其感到不舒服，因此，我正在幫助病人感到更加舒適，我只是在盡量減少病人的痛苦。」

這個回答捕捉到一個組織的本質，能夠漂亮地執行本能干擾。這家醫院創造了一個強大且抽象的共同敵人：患者的痛苦，當維修人員、外科醫生、護理人員和麻醉醫師等等，所有員工都擁有一個共同敵人時，你的公司將會有多麼強大？而你們的共通敵人又是誰？透過主動且完善地塑造一個外部共同敵人，將會產生一個強大且團結的群體。

請務必與善用自身經驗督促我們卓越成長的人多多相處，這對每個人來說都是健康有益的，無論是橄欖球隊、研究團隊、還是公司職場，我們都可以一起茁壯成長。

本章重點摘要

運用最小團體研究典範，協助建立組織中的積極聯盟。

請記得「贏得勝利」不一定代表有其他人失敗，這並不是一個零和遊戲。

透過傳統活動的建立，營造一種像大家庭一樣的氛圍。

專注於外部的共同敵人。

註釋

1 亨利·泰弗爾（Henri Tajfel）是一位波蘭的社會心理學家，他與約翰·透納（John C. Turner）在一九七〇年代提出社會認同理論（Social Identity Theory），改變了過去學術界有關團體的想法，強調團體成員身份是基於認知而非情緒反應，成員所認同的是一種具有影響力的重要身份。

2 《謀殺綠腳趾》（*The Big Lebowski*）是一部在一九九八年上映的美國黑色喜劇片，由柯恩兄弟（Coen Brothers）導演，劇情以一名居住在洛杉磯、自稱為（The Dude）的中年大叔為中心，有一天被討債集團誤認為是另一個同名同姓的億萬富翁，在富翁老婆被綁架後協助交付贖金，與幾個保齡球好友發生了很多笑料。

3 阿爾弗雷德·丁尼生（Alfred Tennyson）是十九世紀的英國桂冠詩人，詩作題材廣泛、想像豐富、形式完美且詞藻華麗，重要詩作有《悼念》、《尤利西斯》、《伊諾克·阿登》和《過沙洲》詩歌《悼念集》等。

4 串接樣式表（cascading style sheets，簡稱CSS）是一種用來為網頁添加樣式的電腦語言，必須與HTML或XML一起使用，HTML負責確定網頁中有哪些內容，CSS確定以何種外觀（大小、粗細、顏色、對齊和位置）展現這些元素。

5 蓋瑞·范納洽（Gary Vaynerchuk），出生於一九七五年，美國網路傳奇、社群媒體專家、《紐約時報》暢銷作家，每天透過創作影音和經營社群來激勵人心。他將家族經營的酒鋪改造成葡萄酒博物館，一九九七年推出葡萄酒文庫零售網，並於二〇〇六年推出影音部落格「葡萄酒文庫電視秀」，同時迅速使用社群工具推廣。

6 友恩節（Friendsgiving）與美國每年十一月第四週的感恩節（Thanksgiving）有關，年輕人想要在朋友各自回家過節前歡聚，或者無法返家過節的人互相邀請，於是開始舉辦友恩節。

CHAPTER 6

懼怕他人

為何陌生人代表危險？

多年來，有個畫面一直深植在我腦海，我第一次到阿奇波德生物研究站，位在佛羅里達州普萊西德湖附近占地五千兩百英畝的地方，有一天，我看見一個身穿防護衣的高大男人站在佛羅里達沙地的松樹灌木叢之中，這裡是極度瀕危的棲息地，擁有聯邦政府公告的十九種瀕危物種，他的左手拿著一支剛剛燒毀了數十公頃珍貴資源的滴火槍。

對於了解野火生態學的生物學家以外的人而言，這個人看起來是絕對的恐怖份子、怪物和威脅，當我們不了解外觀、文化和行為時，第一個直覺是以壞人看待，這就是我們「懼怕他人」的本能。即便所有表面證據都指向負面，然而這個人非但沒有破壞生態系統，而是在拯救這個地方，我知道那個人是沙恩．普魯特（Shane Pruett），他是一名博士後研究生和參與策略燒除計畫的專業志工，這些燒除對於這種獨特棲息地的土地管理非常重要。

雷擊性火災常見於佛羅里達州，但是隨著人類定居在這塊土地上，棲息地變得支離破碎，能夠保護棲息地的野火被迅速地撲滅，以防房屋和農場被破壞，很快地，缺少規律性野火將威脅到佛羅里達灌木叢的多樣性生存能力，時至今日，只剩下百分之十的灌木叢仍然活著。有時候，即使動機再純正，我們也會消除或忽視環境中最為關鍵的要素，在這個沙地松樹灌木叢的案例中，沒有野火幾乎代表著滅絕。

當涉及維護和改善系統所需要的各種複雜要素，我們的社區和工作場所存在一種神祕方式來反映自然界的教訓。

商業大多仿效生物學

現今的公司或領導者沒有人不相信多樣化的重要性，麥肯錫公司（McKinsey & Company）、《哈佛商業評論》和領導績效公司克羅佛波普（Cloverpop）都分別於二〇一八年、二〇一三年及二〇一七年的報告中顯示，更具多元化的公司有：

- 百分之三十五可能創造更高的收益；
- 百分之七十可以抓住新市場的機會；

- 百分之八十七能夠做出聰明的決策。
- 花旗集團（Citigroup）於二〇二〇年發布的一份報告顯示，由於未糾正黑人社區在小額商業貸款、高等教育和房屋稅方面的不平等現象，美國整體經濟在二十年間損失了大約十六兆美元。

可是即便有這些佐證和持續進行的支持性研究，我們企圖創造多元職場的實質進展依然停滯不前。根據勤業眾信（Deloitte）[1]二〇一八年的人口普查，白種男人占了絕大多數的董事會及高階領導職位（百分之九十一），而白種婦女和少數種族的男人分別僅占百分之四．三和百分之四．一，可憐的少數種族女人只有百分之〇．四；《紐約時報》在二〇一八年曾經報導，《財富》全球五百大企業中，名字叫做約翰的執行長比女性執行長還要多，截至二〇一八年為止，《財富》全球五百大企業沒有人任何一位公開表示為同性戀的女性執行長。

即便美國企業承諾增加董事會成員的多元化，《紐約時報》在二〇二〇年的一項分析發現，全球三千家的上市公司董事會仍然由白人掌控，事實上，在他們分析的兩萬多名董事中，黑人董事僅占所有董事會的百分之四，黑人婦女擔任董事只占了百分之一．五。我認為藉由一些基本生物學原理的理解可以有效地改善這些令人不快的數字。

大自然具有社群發展的自然秩序，與我們的商業運作和組織方式極為相似，因此，自然界與組織中的多樣性形成方式可以相互模仿，生態聚落的成長、發展和轉變在生物學中被稱為演替，在商界和自然界中，我們的社群不斷變化，並且遭受外在干擾、競爭對手和優先順序轉變的干預，沒有任何事物靜止不變，但是我們值得考量環境受干擾的程度。

生物演替通常按照自然週期進行，任何擾亂都可能介入並重置環境，例如佛羅里達灌木叢的野火。以這把火為例，燃燒將會清除許多占有主導地位的物種，同時讓那些在土壤中保持休眠狀態的種子萌芽，爭取獲得所需營養的一線生機；在沒有任何破壞的情況下，任何在景觀中占領先機的伺機性物種都會取得主導地位，從而迅速地建立並擊敗其他生物，在生物學上，這種數量最多且現存的生物被稱為優勢物種。

你可能聽說過針葉林（雲杉／冷杉），也許甚至在秋天時分漫步在落葉林中（楓樹／橡樹），我們參考這些生態系統中的優勢物種進行命名，因為它是景觀中最引人注目的特徵，你不會聽到任何人談論苔蘚、蕨類、灌木、真菌或雜草，以上植物在這些景觀中也很常見，但沒有占主導地位。

一旦優勢物種出現，象徵了自然交替計畫的生物「終結」，換句話說，新物種很難受到歡迎，甚至不可能在沒有破壞的情況下超越優勢物種。當營養物質全部被優勢物種吸收後，環境可能會趨近於單一文化，任何其他物種的生存都變得極為困難，以至於漸漸被淘汰出局，直到下一次的干擾再度啟動生態循環，如同沙恩．普魯特用滴火槍製造的情況。

這些對我們的組織來說意味著什麼？如果想要保持創新的想法、創造資源的流動，並且有能力在瞬息萬變的環境中迅速適應且蓬勃發展，我們需要建立能夠促進多樣化的**多元文化景觀**，而且還需要將滴火槍的概念運用於我們的直覺，或是說我們的主導性思維。

根據職場多樣性統計數據，大多數商業環境可以按照其主導者來區分：白種男人，久而久之，多樣性將會被既有的「植物群」所消滅，而且他們更擅長獲取資源（在自然界中是指陽光和養分等；在企業界中可能是面談、升遷、同工同酬和人脈網絡），僅僅因為其存在時間更長的事實（更不用說人類文化不時介入的因素）。

必須注意的是，優勢物種不一定含有惡意或故意排他，其他物種的繁衍能力也並非比較差，即使是自然生態系統中的非優勢物種，也有可能將目標對準了成熟樹木硬質樹皮上的嫩綠幼苗。

但是，依我的個人觀點，我們的多樣性和包容性計劃不斷失敗的核心原因是，沒有深入了解培育多樣化生態系統的生態驅動力，我們忘記要處理生物學的潛在要素，我們必須探索推動我們前進的生物學規範、故事、捷徑和直覺，而當涉及到多樣性時，普遍存在於幾乎每個生態系統及每一塊土地的核心原則是一種害怕「他人」的本能。

擁有八十億人口的部落問題

在全球緊密運作的世界中，每個手機用戶平均擁有三百〇八個聯絡人和三百三十八位臉書好友，我們卻仍然害怕陌生人，看起來似乎很荒謬。皮尤於二〇一六年對美國種族進行的民意測驗發現，百分之七十五的美國白種人只會在全部白人的群體中討論重要議題，不包含任何少數族裔，美國黑人也有類似的情況，百分之六十五的黑人說他們的社交網絡完全由其他黑人所組成。假如要尋求安全感，我們自然會朝著視為同一部落的人們，即我們的優勢「物種」靠攏，儘管從遺傳學的層次來看，種族之間沒有可測量的差異性。

實際上，我們的大腦目前大約對一百至一百五十個人感到自在，而且這群人的外觀、想法與行為必須和我們遵循相同的文化規範，該人數（有時也稱為鄧巴數字〔Dunbar's number〕）經由靈長類動物的社交群大小與其新皮層（處理感官、運動、語言、情感和相關資訊的大腦部分）大小之間的相關性來計算得出，它代表了我們能夠維持穩定關係的約略數量，鑒於我們的腦袋大小，這個範圍是個體能夠了解每個人的最佳人數以及彼此相互關聯的程度。

對於我們的祖先來說，任何人如果沒有穩定的聯絡關係，可能都不是一個來借砂糖的友好鄰居。陌生人，尤其是看起來歸屬於不同類別的人，會引發全面性的壓力反應，來保護我們的人身安全，這個未知的別人出現在此地，可能是來爭奪有限的食物和性伴侶，我們的身體會充滿壓力荷爾蒙，來拉高自身的警覺性。

允許我們辨別和找到歸屬感的最小團體研究典範，也可以使我們與其他人區分開來。為了瞭解這個世界，大腦通常依據種族或性別等外部特徵將人們快速分類，並且基於與我們的相似性或相異處，為這些人構想一個具有關聯性的故事，例如：安全／不安全、好／壞、正面／負面。有鑑於我們的祖先群體經常與其他群體發生衝突，大腦演化發展出一些關鍵訣竅來確保我們的安全，該公式如下所示：

與我們相似就等於「好」。

與我們不同就等於「壞」。

很明顯地，我們現在認識的人遠遠超出一百到一百五十個的標準，只要借助手中裝置的力量，我們可以立即與地球上任何一個人進行交流，然而恐懼對方的本能依然存在。

現在的大腦仍然在為我們畫出符合規範（即與我們相像的人）的界線，每當看起來像異類的人走進空間，我們可憐的身體會自動提高壓力反應來應對。（請想像一個人走進一個滿是陌生人的房間會作何感受！）

即使身處一個全球化的社會，我們的關係並沒有動搖太多，導致我們不公平地對待那些不像我們的人，隨著基因庫的混合、持續變動的文化以及透過實際旅行和數位科技的意見交流，我們應該像一個擁有八十億人口的部落來運作，但是大腦不是為這樣的世界所設計的，使我們付出了昂貴的代價。

這裡提供一個更清楚的實例：二〇一八年四月，兩名黑人走進費城一家星巴克，等待與已經約好的第三人見面，他們要求使用洗手間，但是被告知洗手間僅提供給有消費的顧客，而他們並沒有購買任何東西，當他們回到原來的桌子坐下時，一位白人經理打電話請警察過來，將他們因涉嫌擅闖他人建築物而逮捕，在造成社會動盪和輿論廣泛批評後，星巴克發出正式的道歉聲明，然後命令美國八千家分店暫停營業，利用一個下午進行種族偏見訓練，該企業因為關店損失了大約一千兩百萬美元，其中還沒包含商譽方面的重大財務衝擊；如果店經理是一名黑人，結果會有所不同嗎？如果是兩位白人顧客正在等人而沒有買任何東西，店家會請警察來處理嗎？假如是一群媽媽呢？這裡的主要驅動因素是恐懼。

對他人的恐懼不僅止於我們的膚色。二〇一五年分別發生了兩個事件，西南航空的空服人員不允許某些乘客登機，因為其他乘客對他們有意見，為什麼呢？只因為他們是穆斯林；在另一個事件中，因為乘客改變座位和說阿拉伯語顯得「行為可疑」，所以西南航空將這些人趕下班機，實際上，其中一名乘客凱爾．馬赫祖米（Khairuldeen Makhzoomi）是一名伊拉克難民和美國公民，他在加州大學柏克萊分校（UC Berkeley）主修政治學，他含淚告訴《紐約時報》：「我實在受不了，所以眼眶開始泛淚……他們對我搜身的方式，那些狗，還有官員，旁邊的人都在看著我，這種屈辱讓我極度害怕，因為這些記憶不停地浮現。」馬赫祖米的父親曾經是一名外交官，後來被薩達姆．海珊（Saddam Hussein）[2]綁架、監禁和殺害，他有充分的理由感到懼怕，其他的穆斯林乘客呢？可能沒那麼害怕。但是，當我們依靠自己的直覺時，對另一方的恐懼會導致我們在沒有思考、缺少重要背景的情況下做出反應。

我們的恐懼本能也經常出現在技術平臺上，使用優步（Uber）和來福車（Lyft）[3]等共乘應用程式的黑人乘客被取消的機率是白人乘客的兩倍，等待時間也多出百分之三十五，哈佛大學的一項研究公布，在短期出租住宿（Airbnb）平臺上，擁有非裔美國人名字的租屋者被屋主接受的可能性比有白人名字的人低了百分之十六。現代社會必須對這些極度冒犯的反應進行修正，我們不能讓害怕他人的直覺凌駕於良好的判斷力之上。

為什麼堅持自己的想法會行不通

在我的諮詢工作中，我偶爾會聽到令人不安的看法，例如：「如果我們單純地堅持自己的方式，也許大家都能過得更好。」，又或是「何不讓每個人回到各自的空間，只與自己相似的人們互動就好？」某些人聽到這些話可能會感到震驚，但是全部都是逐字引用諮詢電話的內容。採行此種孤立主義政策向來導致各國的急遽衰退，因為人們錯失了多元化公民可以帶來的寶貴合作和技術進步。

當我們因可能帶來的不便而主動選擇逃避或忽視自己公司和社區中的多樣性時，我們同時在積極地限制自己無法獲得最好的成果，在我們探索幾個案例以前，請牢記生物學上的一個重要啟示：生物多樣性孕育了穩定性，每一位上過基礎生物學的學生都可以告訴你這一個生態法則，這是自然界的基本真理，也普遍存在於日常生活中。

愛爾蘭的馬鈴薯飢荒就是個具有警示性的故事。一八四五年愛爾蘭的農業活動主要都在種植單一作物：馬鈴薯，它通常是一種強壯的農作物，但是那一年，一種會致死的疫病破壞了馬鈴薯植物的葉子和可食性根莖，使它們變黑腐爛，單一作物導致了一百萬人因飢餓而死亡，還有一百萬人被迫從這座島上遷移出去。

雖然在現代生活中沒有這樣的致命情況，但有一點仍然很重要，當你用單一思考模式做決策時，意味著你的生活和職場中的每個人都是馬鈴薯，請不要誤會，我們依然需要馬鈴薯！只不過若我們不希望被單一觀點主宰，使我們缺乏新穎的想法和創新，就必須刻意種植其他作物。

工作中的單一文化甚至可能導致令人尷尬或潛在的災難性錯誤。當本田（Honda）準備在瑞典推出一款新型經濟型轎車飛度（Fitta）時，有一個可愛的標語：「外型嬌小，空間舒適。」聽起來不錯，除了在瑞典語中飛度（Fitta）是陰道的俗語以外，很顯然地，該車款的名稱沒有徵詢過任何瑞典人的意見，幸運的是，有人在車輛上市之前發現了翻譯上的問題，並且將名稱改為爵士（Jazz）。

多樣性不僅有利於公司的公共聲譽，和那些想法與眾不同的人相處也會帶來好處。凱洛格商學院（Kellogg School of Management）的一項研究發現，與同質群體相比，異質群體（由來自不同種族、年齡、性別和社會經濟背景的人所組成的群體）在解決問題時更具有參與性、創造力和準確性，他們願意互相挑戰，並且為問題提出新的觀點和背景，最終使他們能夠順利地解決眼前的挑戰。當我們跟害怕他人的本能對抗時，應該避免使組織遭受那場足以破壞公司文化的毀滅性疫病。

順風

我們不正確的偏見持續出現在新科技中。我最近在臉書上面觀看了網路爆紅影片，影片中秀出白人和黑人在公共洗手間想要洗手，白人將手放在自動感應皂液機下方，一滴肥皂液滴了下來，然後輪到黑人嘗試，沒有掉出任何一滴，於是他拿了一張白紙巾放在他的手上，希望可以啟動皂液機，這次機器完美地運作；當手將光線反射回去感應器時，這些皂液機就會自動給出肥皂液，但是光線會被深色皮膚吸收而不是反射回去，因此，該技術對於皮膚黝黑的人來說是完全失敗的，設計這些瑕疵機器的公司是否曾經在本身團隊以外做過測試呢？採取多樣化的測試工具才有可能在為時已晚之前發現並解決問題。

我將這種情況稱為「順風」，他們發生在我們被自己的特權所蒙蔽，以至於沒有注意到其他享有相反權利的人在同一情況下可能遇到的磨擦和挫折感。作為一名自行車騎士，我永遠不會忘記第一場一百英里的比賽，我投入無數的時間進行訓練，然而誰可以真的準備好每天七個小時都坐在自行車的座墊上？騎過了五十英里的轉折點後，我對於自己良好的感覺感到訝異，原本預期這場比賽會更加困難，但是我的呼吸幾乎不會沉重，然後，當我轉身朝向終點時，突然有一個驚人的發現：一陣強風從我的臉上呼嘯而過，我甚至沒有注意到它一直在背後吹拂，此時強勁的風不停阻擋我向前推進，我的回程花了幾乎兩倍的時間，在最後五十英里的大部分時間，我非常地狼狽。

這個痛苦的經歷使我開始思考特權，我們非常容易將自己的經歷視為「平常」，當順風在後方推動時，你根本沒發覺到事情變得多麼輕鬆，當世界為你而生，或者說為你的淺色肌膚所設計時，你不會經常注意到，因為所有事情看起來一直如此運行。

讓我給你一個非常簡單的框架，來協助你暫時站在他人的立場進行思考。美國人口中有百分之十的人慣用左手，請想像你是其中一位，以下有一小部分不適用於你的範本，沒有考慮到你的特殊之處，而且可能會不斷給予你挫敗感：

- 學校上課桌子
- 剪刀
- 電鋸
- 相機
- 廚房菜刀
- 電腦設定（包含滑鼠）
- 槍械
- 高爾夫球桿
- 弦樂器
- 遊戲控制器

如果你是慣用左手者，你一定瞭解逆風的意義，你可能認為以上所有東西都讓你感到困擾，或者使你的生活更加複雜，但是，慣用右手的人幾乎不曉得，因為他們位於順風的位置。

被忽視的順風問題對企業而言可能代價非常昂貴，但是有一點需要澄清：確保多樣性不僅是一種規避潛在損失和困難的方法，當我們考慮新觀點時，可能挖掘出龐大的商機。以OK繃為例，最早在一九二〇年是以「膚色」繃帶來發明和銷售，請用一分鐘來思考與吸收，一百多年來，嬌生（Johnson & Johnson）公司專門製作許多貼近白人皮膚的繃帶，而忽略了可觀的市場占有率（更不用說，也完全無視了非白人顧客群的需求。）；直到二〇二〇年六月喬治・佛洛伊德（George Floyd）[4]被謀殺後，美國種族不平等現象普遍動蕩之際，嬌生公司才宣布將開始生產多膚色繃帶，然而此舉可能為時已晚；真實色彩（Tru-Colour）是一家成立於二〇一四年的繃帶公司，已經吸引了許多不同膚色調的忠實顧客，這些人的身體和社會創傷已經長期被忽略太久了，從嚴格的商業考量來說，真實色彩公司更快地認知到非裔美國人每年一・三兆美元的購買力以及拉丁美洲人帶動了一・七兆美元的價值（兩者都是快速成長的市場）。

消除招募的偏見

我們本能地懼怕對方會扼殺成長的機會，甚至導致我們錯過新人才。請看看你的公司，由誰在做大多數的決定？是否蒐集了足夠的資訊，從多個角度來做考量，還是潛藏了考慮不周的風險？與讓我們感到自在的人們在一起是一種與生俱來的渴望，但是，更好的作為是擴展我們的群體，並且抑制我們把陌生人視為危險的直覺性衝動，尤其是當它們逐漸滲透到招募活動的時候。

二〇〇三年，科學家寄出相同的履歷給有刊登職缺於波士頓和芝加哥報紙的企業，其中一部分履歷使用傳統上聽起來像黑人的名字，例如拉吉莎（Lakisha）和賈邁爾（Jamal），另一部分則帶有聽起來像白人的名字，例如艾蜜莉（Emily）或格雷戈（Greg），令人驚訝的是，儘管履歷內容完全相同，帶有白人名字的履歷接到同一個職位通知的比率高出了百分之五十；如果與美國勞工部勞動統計局（Bureau of Labor Statistics）的數據相結合，這些發現或許沒有這麼令人震驚，該數據表示，擔任管理職務（通常是可以進行招募的人）的黑人人數比白人主管的人數少了百分之五十。

這裡需要停下來強調很重要的一點：這種直覺不會使我們變成壞人，它使我們更有人性，同時擁有可以保護自身安全的大腦。整體來說，我們幸福地沒有察覺到本能驅動行為的程度有多大，但是這絕不是正當的理由，我們有責任要做得更好，而且可以透過第二章的一些相同工具來協助進行更良好的招募過程，以跨越鴻溝者為例，該公司排除了履歷中的偏見資訊，並確保我們不僅對看起來與我們相像的求職者感到興趣。

花時間與「他人」相處

閉上你的眼睛，然後想像自己走過家裡的走廊，看看牆上的照片，也瞧瞧冰箱上和床邊的照片，你看到了什麼？現在，在客廳裡拿起一本雜誌翻閱看看，或者回想你上次欣賞的電影或電視節目。我們大多數人，無論是在照片中或者電視媒體上看到的人物，都會發現自己的身影。

有一種最簡單方法可以干預恐懼驅動的本能，就是花更多的時間與跟我們不同的人在一起，科學也提供了佐證，只要接觸一群無論與我們是否相似的人，就會增加我們對他們的喜愛。布蘭迪斯大學（Brandeis University）於二〇〇八年進行的一項研究發現，不斷增加來自不同種族臉孔的接觸程度，使參與者的大腦得以擴大該種族類別的普遍性，不僅對熟悉的個體臉孔感到「可愛」而已，此外，即使參與者看到了逐漸熟悉的種族類別中的新臉孔，參與者會提高喜愛這些人的可能性。

這種互動甚至不必親自面對面也能奏效。威斯康辛大學麥迪遜分校（University of Wisconsin–Madison）的另一項研究發現，藉由電視接觸不同文化足以修正我們被誤導的直覺，參與者分別觀看《大草原上的小清真寺》（*Little Mosque on the Prairie*）或《六人行》（*Friends*），前者是關於一個穆斯林家庭的加拿大情景喜劇，後者是一部美國情景喜劇，沒有提及穆斯林文化，觀看《小清真寺》的受試者在六個禮拜之後，其反穆斯林的態度顯著地降低，而觀看《六人行》的人沒有任何態度上的變化；明尼蘇達大學（University of Minnesota）的其他研究運用了正面描繪同性戀人物的電視節目，例如美國全國廣播公司播出的《威爾與格蕾絲》（*Will & Grace*）以及美國家庭票房頻道播放的《六呎風雲》（*Six Feet Under*），來證明減少反同性戀偏見的現象。

在評估喜好程度時，我可以用親身經歷來證明與他人接觸的影響力有多大。我在紐約州北部的一個小鎮長大，真的很小的地方，你五歲時在操場遇到的孩子，很可能是從小學、國中到高中陪著你長大的同學們，除非你們之中有人搬出小鎮，在即將畢業的一百人當中，你認識每個人，而且每個人也都認識你，這個現象很有趣，但是身為一個青少年，我恨不得逃離這個地方。

當社交媒體平臺開始站穩地位時，我記得在高中時候就擁有聚友網（MySpace）[5]帳戶，但是上了大學之後，所有人都轉移到了臉書，因此，我幾乎與所有畢業班級的人保持聯繫，即便同樣身為紐約州北部的白種人，我們在政治態度和意識型態中分布廣泛，在二〇一六年的具有爭議性的選舉期間，我對於幾位同學在社群媒體上的作為和觀點感到震驚，使我經常心想：他絕對不可能那樣投票！她真的那樣認為嗎？怎麼會呢？

我的同學們發展出截然不同的意識形態，但是現在讓我特別著迷的是我自己的行為。我持續接觸那些在網路上表現惡劣的人，僅僅因為我認識他們而已，我原諒那些仇恨的言論，而且和那些「朋友」進行對話和辯論，只不過因為我們擁有共同的背景，如果我從一個陌生人那裡聽到同樣的評論，絕對會掉頭離開，不予置評。

可是我們必須有所警惕：熟悉的力量可以同時產生正面和負面的作用，此時是我們練習「是的，而且……」的修正機會，使我們開始瞭解其他人的真相。與其駁回對方的觀點，不如趁此機會建立同理心，然後從他們的角度進行對話，後續再加入自己的看法；融入指控文化和公開羞辱我們不認同的意見似乎更為容易，但是如果我們更努力理解各種觀點的事實，將會更加有意義且有用，也許你的事實和經驗並不是唯一的，但是瞭解真相的唯一方法是你不再迴避圈子以外的任何人，我們越是封閉且隔絕不同的聲音，將會讓自己在圈子中變得更加激進，樹立了危險的先例；取而代之的是，我們應該透過「是的，而且……」的溝通技巧，擁抱和吸引與我們不同的人，幾乎可以不費吹灰之力來建立同理心。

當與我們不同的人實際上已經共處在同一生活圈中，這個方法可能特別有效。在我長大的小鎮上，我認識一些對同志文化（LGBTQ）族群抱持著負面看法的人，當我的朋友（也是這個族群的摯愛成員）承認了女同性戀的身份時，人們被迫面對他們已知且相互衝突的兩個「真相」：

1. 艾咪是一個優秀的人；
2. 同志族群是有病、不道德，或是對家庭和社區造成威脅的人。

一旦她出櫃，他們支持這兩個真理的邏輯便無法成立，他們必須選擇：多年來以來因各種原因而認識並崇拜的這個人突然變得不再優秀，或者所有同性戀對社會都不會構成可憎的威脅；大多數人認識到真相需要改變，畢竟，我的朋友並沒有神奇地變成邪惡之人，這個社群早已經認識她本身這個人，她的性別傾向並沒有從根本上改變她過去和現在的身分。對於某些人來說，思考過程是這樣的：

1. 艾咪不是一個可怕的人；
2. 因此，我認為同性戀本質上不是壞人。

有些人可能將此認定成虛偽，我稱它為學習型同理心。

著名的保守主義者南希・雷根（Nancy Reagan）對於幹細胞研究採取支持改革的立場，因為當時她得知了自己心愛的丈夫同時也是美國總統的隆納・雷根（Ronald Reagan）罹患阿茲海默症（Alzheimer's）。我們越能積極地與持不同意見的其他人相處，我們就越有機會好好地理解不僅是我們自己的真理，甚至是更廣泛的普遍真理，對每個人來說，它的曲折、變化和曲線都是不同的，的確有些人會說出令人討厭的意見，但是我們應該先冷靜，盡可能以同理心來傾聽和認識他們的觀點，說不定實際上我們才是擁有可惡意見的一方，我們會希望如何被擁抱、挑戰和接納呢？

美國總統歐巴馬（Obama）經常談到助長誤解和衝突的「同理心赤字」，他曾經在澤維爾大學（Xavier University）的畢業典禮上致開幕詞：「這個國家有很多關於聯邦政府赤字的話題，但是我認為我們應該花更多時間討論同理心赤字問題，同理心是從其他人的角度去思考，透過與我們不同的人的眼光去欣賞世界，這些人可能是飢餓的孩子、被解僱的鋼鐵工人、在暴風雨襲擊時失去一切的家庭。學習站在別人的立場，透過他們的眼光來檢視，這就是和平的開始。」

無論我們是為實現全球和平而努力，或只是想要減少平日辦公室中團隊成員或晚餐時家人之間的衝突，同情心都是一項需要培養的重要技能，也是對於恐懼本能的有效干預。

在我覺得空前有趣的實驗清單中，名次最高的是由二〇一五年科學家團隊所進行的，他們測試了在不同條件下學生將手浸入冰水後對痛苦刺激的反應，受試者被分配在四種情況，第一種是獨自承受冰水測試，第二種與朋友一起將手浸入水中，第三種跟一個陌生人同組，第四種是和一個陌生人一起服用美替拉酮（metyrapone），這是一種阻斷壓力荷爾蒙皮質醇的藥物；每次試驗後，要求學生評估自己的疼痛程度，其中與朋友配對的受試者遭受最大的痛苦，表示他們對朋友痛苦的同情提高了自己的痛苦程度，奇妙的是，接受美替拉酮的參與者對陌生人的同情心也增加了，但是，與陌生人配對但沒有壓力阻斷藥物的受試者，其疼痛反應與單獨時的反應沒有顯著差異。

但是，這個實驗最棒的部分是進行最終條件的測試，研究人員將兩個陌生人配對，讓他們在一起玩十五分鐘的電動遊戲《搖滾樂團》（*Rock Rock*），然後再將他們的手浸入冰水中，與前面兩種情況下的陌生人相比，這些陌生人對彼此有更多同情和關心，僅僅因為他們在一個合作且有趣的環境中組隊玩了一刻鐘。這個結果顯示，想要增加團隊或配對之間的同理心，只需要一點音樂就可以了！正如首席研究員傑弗瑞・莫吉爾（Jeffrey Mogil）在《每日科學》（*Science Daily*）上說明的那樣：「事實證明，即使是像玩電動遊戲一樣膚淺的共享體驗，也可以使人們從『陌生人範圍』轉移到『朋友區』，並產生有意義的同理心。這項研究證實，減少社會壓力的基本策略可能會開始使我們的同理心從赤字變成過剩。」

當我們願意與「其他人」一起玩遊戲時，可能會額外獲得令人出乎意料的獎勵，例如提昇問題解決能力。西北大學（Northwestern University）的研究員凱瑟琳·菲利普斯（Katherine W. Phillips）讓參與者在團隊中扮演偵探來找出謀殺案中的嫌疑人，結論顯示，同質性團體對自己的決定更有信心，儘管他們的結論經常比多元化群體的成員有更高的錯誤率，後者的推論雖然比同質性團體更準確，但仍然呈現信心不足。同質性團體中的確認偏誤和對新想法的抑制產生了一種錯誤但感覺良好的「我們榮辱與共」的觀點，你可能想起第五章中所述內容，這是歸屬感本能的缺陷，團體會認為表現正確比真相更加重要，如果我們想要透過各種觀點和解釋來積極地尋求真理，就必須犧牲掉順從團體的舒適感，但是，請不要忘記，這是一項艱苦的工程。

緩和不適感

正如我們身體中的其他肌肉一樣，我們的大腦也需要鍛鍊，如果沒有先練習跑一英里，通常沒辦法跑馬拉松。然而，日復一日，我們要求大腦在陌生人周圍表現出優秀的自在感，即使在最好的情況下，這種陌生人接觸訓練對我們而言是不愉快的，但是只有在這種不自在的狀態中，我們的大腦才能變得更強壯，我們也更能掌控自己的反應，直覺本能因此被迫退居二線。

運動員訓練時，實際上會在所鍛鍊的肌肉中產生極微小的眼淚，這不是一個舒適的過程，而且這種培訓經常會引起一些痛苦，這是我們可能會害怕並極力避免的感覺。但是，就像舉重選手透過不舒服的鍛鍊來壯大自己的肌肉一樣，你也需要經歷一些艱難和勞累，才能讓大腦與「另一個人」的關係獲得成長。讓大腦接觸到新思想、新的觀點以及不適感所帶來的挑戰，就好像使我們從事搬運重物的艱苦訓練，在這個過程中，我們可以重新建構大腦有關他人的過時「真相」。

從大腦的運作方式來思考可能有所幫助，我們的大腦傾向於二元制思考：若你沒有感到安全舒適，代表你可能會死掉！即使只是一點點不舒服的感覺，比如獨自一人去參加派對、在最佳好友的婚禮上演說、與伴侶的父母見面，都會使大腦將它當成一個非常真實的威脅。

為了幫助安撫過度緊張的現代大腦，其中一種最佳且最違反直覺的干預方式是，**在工作、家庭和社會生活中主動尋求不適的感覺，將其轉換成安全感和健康心態，而關鍵是降低大腦對周遭所有人的緊張感，允許他們靠近而非逃避的那種感覺。**

從本質上講，你將會分析出那些值得做出壓力反應的事情，而不是毫無相關的事情。在這個過程中，你將重新撰寫大腦一直在告訴你的故事，因為該故事在現代環境中對你沒有任何幫助。

有很多可以尋找不適感的方法，甚至沒有必要直接與別人進行互動才會讓練習奏效，你只需要引出我們每次感到緊張時都會產生的普遍壓力反應。舉例而言，你可以跟以前從未交談過的人展開對話；向沒有料想到的同事發出感謝信；報名參加排球比賽，即使你從來沒有打過；寫一首能夠公開分享的詩；發誓在二十四小時內都要說實話；拒絕你原本會被動接受的任務。

我個人最喜歡的不舒適挑戰是去找一個讓自己獨處的房間，關上門，播放自己喜歡的音樂，然後跳舞。我不是在談論兩步圓舞曲和隨著節奏打拍子而已，我的意思是真的跳舞，你的腦海中會聽到一個小小的聲音說：「哇，我的臀部不會那樣舞動。」這是你修改潛意識故事的機會，「當然可以！我的臀部按照我的意願在移動，因為我獲得了身體的主控權。如果你覺得太開心了，請邀請一位朋友過來，如果你不會感到生氣，請將影片發布在影音平臺上，並且發網站連結給我，以便我可以分享在恐懼（或無所畏懼）部落格網站上。（網址是www.rebeccaheiss.com）

重點是重新導正大腦認為不舒服等於死亡的部分，透過積極地尋找答案（被拒絕，忍受尷尬，當然還要偶爾與不完全相同的人打交道），你正在訓練自己的大腦重新認識到這些情況並不會使你快速陷入真正的危險。

當你給大腦思考此行動的機會（這個對話真的讓我擔心嗎？）並且權衡結果（嘿，我還活著！）時，你就可以開始區分哪些是需要作出戰鬥或逃跑反應的高度壓力情況，哪些只不過是有點尷尬的狀況，甚至是做一些新的舞蹈動作而已！

不用多久時間，當與你非屬同類的陌生人走過門口時，即使出現任何不適感，你已經訓練大腦好好認識身體正在發生的反應，你可以毫無畏懼、毫不驚慌地做出回應，也不必冒著風險將重要決策交給緊張兮兮、癡迷於生存的大腦。

當你走出舒適範圍時，你會變得更加開放，因為自己的種族、性別、政治意識、宗教信仰等等可能不是唯一或最佳的選擇。這可能是令人難以置信但是卻很深刻的覺醒，「另一個人」不僅沒有那麼令人恐懼，而且還很可能為你的組織願景帶來更好的解決方案。

本章重點摘要

- 自願成為那把火或破壞者，挑戰深植於公司的想法和規定。
- 找機會消除組織中非優勢「物種」的障礙，讓每個人都能平等地表達意見和獲取資源。
- 自願加入不同的對話，若期望其他人正面看待你，你也要積極地對待他們。
- 確認自己享有優勢的情況，其他人是否面對跟你完全相反的體驗？
- 主動找機會和時間與迥然不同的人相處。
- 利用偏誤排除工具來移除招募過程中的潛意識偏見。
- 學著調適任何可怕經驗帶來的不愉快。

註釋

1 勤業眾信（Deloitte）與資誠（PwC）、安永（Ernst & Young，EY）及安侯建業（KPMG）並列為全球四大會計師事務所，主要經營審計、管理顧問、財務顧問、風險諮詢、稅務及其他相關服務的專業服務機構。《財富》全球五百大企業中，超過百分之八十的企業由德勤遍及全球逾一百五十個國家的會員所提供服務。

2 薩達姆・海珊（Saddam Hussein）一九三七年出生，一九七九年開始擔任伊拉克總統，陸續對伊朗發動戰爭、毒殺庫德族人、入侵科威特，二〇〇三年薩達姆政權被美國推翻，逃亡半年後被擄獲，二〇〇六年經伊拉克法庭審判處以絞刑，於年底完成執行。

3 來福車（Lyft）是在美國市占率僅次於優步的叫車服務公司，差異化策略著重在用戶體驗。

4 喬治・佛洛伊德（George Floyd）於二〇二〇年五月二十五日因涉嫌使用假鈔被捕時，白人警察單膝跪在他的頸部超過8分鐘，後來送醫被宣告死亡，此事件引發了全美有關種族歧視的示威集會，二〇二一年四月二十日陪審團裁定警察德里克・麥可・蕭文（Derek Michael Chauvin）二級謀殺、三級謀殺和二級過失殺人指控成立。

5 聚友網（MySpace）是一個社群網路服務網站，讓使用者分享部落格文章、相片、音樂和影片，可以自訂朋友網路和個人檔案頁面，提供絕佳的人際互動，曾是全世界第四受歡迎的英語網站。

7 CHAPTER

資訊蒐集

在混亂中保持好奇心

不久前，我坐在美麗的海灘上，看著喜愛的浪花在海浪中翻騰，而我在岸邊滿足地休息，大口吃著漢堡。「來吧，跳進水裡，」它對我說，「海水真是太棒了！」不，我搖了搖頭，又吃了一口漢堡，心想：我才不去咧，可能會有鯊魚出現！

現在，這種缺乏邏輯的回應並沒有離我遠去，例如，我已經知道全球每年平均只有兩次被鯊魚無端攻擊致死的事件，我也曉得每年有超過五十萬的美國人死於心臟病——當我在沙灘上「安全地」且狼吞虎嚥地將漢堡吃掉時，這是我不該忘記的不利事實。但是即使面對事實，我依然照著直覺在行動，所有人都這樣做，因為儘管可以接觸到空前大量的數據資料，我們仍然無法理解所有資訊。

心理學家喬治．米勒（George Miller）[1]為我們蒐集數據的本能貼上「以資訊為食的動物」（informavores）的標籤，我們渴望資訊的程度與渴望獲得垃圾食物、毒品和性愛的程度無異。加州大學柏克萊分校哈斯商學院（Haas School of Business）於二〇一九年進行的神經造影研究發現，無論是攝取古柯鹼或者僅僅是獲取新資訊，都會點亮相同的神經傳導路徑，兩者都觸發多巴胺的獎勵性分泌量，即使我們獲得的訊息沒有幫助，依然會獲得獎勵。該研究的共同發表人許明（Ming Hsu）說：「對大腦而言，訊息本身就是獎勵，無論它是否有用，而且就像我們的大腦喜歡垃圾食物中的無用熱量一樣，它們會高估使我們感覺良好但可能無用的訊息。」

對於我們的祖先來說，知識的蒐集無疑是很重要的進化適應，能夠取得更多食物所在地的相關信息，或者能夠得知隔壁洞穴中的梅莉莎有保暖的衣物，這些都有助於我們做出更好的決策，並且增加生存機會（例如，當天氣變冷時，對梅莉莎友善一點）。在蒐集資訊時，大腦認為我們正在降低可能導致錯誤決策的風險。透過在做出決定之前擁有所有可能的資訊，我們通常有機會做出正確的選擇。

可惜的是，我們對於消化知識的動力似乎追不上當前龐雜的數據環境。根據國際數據集團（International Data Corporation，簡稱IDC），到了二〇二五年，數位世界將達到一百七十五皆位元組（zettabytes，簡稱ZB），對於我們這些不講數據語言的人來說，一個皆位元組相當於宇宙中可觀測星星的概略數量，我依然很難理解這一點。數據解決方案平臺節點圖（NodeGraph）試圖彙整我們二〇二〇年全球一天內在網路上處理一分鐘的所有數據樣本，這些數據包括寄出的兩億封電子郵件、四百二十萬次谷歌搜尋、四百七十萬次影片觀看次數以及四十八萬條發布於推特的資訊，全部都發生在六十秒以內，面對這些令人眼花撩亂的資訊暴露，我的大腦能夠想到的是卡通人物眼睛歪掉的畫面！

儘管大腦無法跟上步伐，但我們積極地進行嘗試，並且從自己的多巴胺系統獲得回報。那麼，當數據超載時，擁有資訊彙整功能的大腦將如何運作呢？答案是：慘不忍睹。

問題存在於三個層次：

1. **糟糕的數據蒐集：**我們擁有的數據量遠遠超過了有用的資訊量，大腦進化成為數據蒐集機器，盡可能吸收我們可以管理的數據，這個模式在我們祖先更加稀缺、即時回饋的環境中可能還不錯，但是，正如我們的消化道被現代環境中可獲取的大量食物所堵塞一樣，我們的大腦也被垃圾訊息養得越來越肥胖，觸手可及的大量數據讓我們感到越來越不知所措和充滿壓力。我們完全依賴生存本能，替所有未知事物尋求安心、快速吻合且明確的解釋。不幸的是，我們幾乎總是找到那些不正確的數據，貪婪地吸收它們，以減緩對未知事物的恐懼，導致常常增強了可能不正確的信念。

2. **糟糕的數據分析：**我們在解釋數據時通常很糟糕，經過精心挑選或獲取特定類型的數據後，我們接著將無意義的節點連結在一起，建構出一個不見得正確解讀事實的故事，但是這種解讀將有助於合理化我們已做出的決定或者確定支持的立場。我們的大腦根據關係和關聯來處理資訊，為了符合故事，數據的解讀不一定是正確的。

3. **糟糕的數據應用：**我們蒐集、分析和應用數據只為了達到我們自己的目的，與其從一個囊括任何答案的共識問題開始，我們傾向於從一個答案開始，然後找到可以詮釋的數據來證明故事的合理性，況且我們現在能夠輕易地獲得大量數據，因此我們可以任意將數據應用於任何地方。

讓我們更深入探討資訊彙整本能如何加劇現代社會中的這三個問題。

糟糕的數據蒐集

益博睿數據公司（Experian Data）的一項研究發現，美國有百分之八十八的企業仍然依賴直接影響利潤的「不良數據」，不良數據有多種形式，但是通常是由於蒐集技術不佳而產生錯誤、誤導或缺漏的資訊。

高德納諮詢公司（Gartner Research）二〇一八年的一份報告發現，不良數據品質對組織造成的平均財務成本為每年九百七十萬美元；國際商業機器公司指出美國企業每年在這分面的損失金額高達三．一兆美元。令人諷刺的是，正如不良數據對財務影響的資訊範圍無此廣泛，這些財務數字也被廣泛地解釋。

由於蒐集資料的來源幾乎是無限的，因此我們可以輕而易舉地增加更多數據、擴大樣本規模，接著陷入不停蒐集資訊的漩渦當中，結果大量不相關的垃圾數據淹沒了任何可能有用的見解。

奇異公司前執行長傑克．威爾許（Jack Welch）在接受《哈佛商業評論》採訪時曾表示：「不安全的管理者會將事情複雜化，害怕、緊張的管理者會使用厚重而冗長的計劃書和不計其數的投影片，其中包含了他們從童年到現在所知道的一切。真正的領導者不會雜亂無章。」然而，我們的生活充斥著混亂不堪的個人和專業數據：應接不暇的電話、健康追蹤器、六種不同社交媒體平臺及其伴隨的參與報告、新聞轟炸等等，我們正以空前的速度蒐集無數的資訊，從而使我們陷入了追逐數據而不是推動數據的循環之中。除此之外，當我們准許數據來主導方向時，很容易會看不到我們當初追求的目標。

能夠找到每個問題的答案當然很有吸引力，並且代表人類進化的另一大步。但是以目前資訊超載的環境來看，找到清楚明確的答案幾乎是不可能的，除非你選擇完全做到這一點。

大量研究發現，社交媒體的使用尤其讓我們偏向於符合自身觀點的數據，加強了兩極化的觀點，並且增進我們排除矛盾資訊的傾向，我們根據當下的立場採用自己認為合理的第一手數據，然後蒐集更多數據以支持我們的觀點。當我是一名教授時，我觀察到我的學生在使用搜索引擎進行研究時，經常在不知不覺中發生這種行為，他們會詢問打算支持的論點，而不是輸入他們試圖回答的問題。例如，當我要求學生回答「疫苗是否有危險性呢？」的問題時，他們會用「疫苗是危險的」或「疫苗沒有危險性」開始搜查，並且僅從這些查詢中蒐集數據。

在簡化數據方面，黑色／白色、正確／不正確、真實／虛構、新聞／假新聞的篩選方式使所有事情都更加容易應對。一旦我們選擇了一個陣營，我們只需要注意能夠驗證這個立場的數據即可。但是，從單一角度蒐集數據來專注於單一立場，將會使我們離真相越來越遠。

特易購（Tesco）是一家光是在英國境內就擁有超過三千五百家分店的食品雜貨零售商，它的故事可以證明，當我們僅尋求可以證明自身立場的數據時，可能會發生什麼災難。實際上，特易購的成功絕大多數歸功於它是最早採用大數據的公司之一，特易購利用會員卡研究購物者的習慣，來追蹤消費者的活動，並且使用目標式廣告。二〇一〇年，特易購開始分析會員卡數據的二十年以後，他們的利潤成長了七倍，這是令人讚嘆的成就！但是後來公司變得沾沾自喜，開始蒐集和評估錯誤的數據，錯過了顧客需求的廣大市場，最終對公司盈虧造成沉重的一擊。

想了解特易購的命運何時出現轉折點，可以追溯到一九九五年時，特易購以顧客忠誠卡的形式宣布了一種最先進的行銷方案，「會員卡」使購物者有更多的消費動機，因為他們每次購物都會獲得積點，可以兌換成禮券，使用於在商店或其他相關合作企業定期購買的商品，為了加入會員，顧客必須提供一些個人詳細資料，例如家裡住址、電話號碼和飲食偏好，然後，每一次購物他們都可以出示會員卡以賺取點數。另一方面，特易購在購物偏好、次數和模式的方面取得了極其詳盡的數據。

正如鄧韓貝（Dunnhumby）數據分析公司執行長艾德溫娜・鄧恩（Edwina Dunn），同時也是特易購的數據分析師，在二〇〇三年對《衛報》所述：「你會發掘出有興趣做純手工料理的人，或者購物時喜歡獨特風味的人、追求方便的人，我們試著根據購物籃中的內容分析他們的生活方式。」特易購還會按照顧客資料產生客製化的線上折扣和離線折扣，當他們使用這些折扣時，甚至可以蒐集更多數據。

最初，特易購的數據彙整系統取得了巨大的成功，會員卡推行僅僅一年以後，會員們在特易購的消費金額增加了百分之二十八，在主要競爭店家的消費減少了百分之十六；此外，每次為消費者舉辦促銷活動時，特易購便可以從供應商的款項之中收取商業收入。

好景不常，到了二〇一三年，光芒開始逐漸消失，特易購備受寵愛的數據顯示，顧客對於自身習慣被追蹤的情形感到厭倦，而且對於這些招數和優惠券已經麻木，他們改到不會追蹤數據的平價商店消費，例如阿爾迪（Aldi）和利多（Lidl）。由監察機構惠奇主導的一項針對英國超過一萬一千名消費者的調查，將特易購評為最差的超級市場，理由是顧客服務不好和過高的定價。

隨著利潤的下降，特易購擴大了促銷活動，試圖通過其供應商和商業收益來增加收入，並孤注一擲想嘗試以數據分析贏回顧客的心。然而，他們卻忽略了一個主要的細節：足以顯現客戶實際需求的數據——更少的數據追蹤和更低廉的價格。

有時，特易購在很多方面都沒有達到目標。英國倫敦大學學院（University College London）副教授漢娜·弗萊（Hannah Fry）[2]在萬札羅（OneZero）線上論壇網站上描述了一個案例，特易購的一位顧客說，當她在「最愛的」線上購物清單中發現保險套時感到非常震驚，她堅信自己的丈夫從未使用過它們，因此向分析師抱怨他們從會員卡中獲得的數據一定是錯誤的，分析師對此表示歉意，但是數據並未出錯，她的丈夫一直在買保險套，他只是沒有在家裡用！甚至於日常用品清單也可能屬於非常隱私的。

到了二〇一五年，特易購虧損九十六億美元，而且股價也相繼暴跌，在這個動蕩的時期，前執行長特里·里希爵士（Sir Terry Leahy）接受英國廣播公司（BBC）採訪時，坦言該公司未能留住客戶的信任，他說：「（顧客）真正需要的是更低廉的價格，他們需要一個可以信任的價格表。」

特易購反其道而行，堅決證明自己的數據資料很好，該公司忘記當初開始蒐集數據是為了提供更好的服務給顧客，反而忙於追逐數據中有跡可循的利潤空間，並且操弄其消費者，而不是為其提供服務。

慶幸的是，特易購沒有因此一蹶不振，全新的管理方式和組織方向幫助零售巨頭將其價值重新聚焦於購物者，二〇一九年的數據顯示其客戶滿意度是多年來最高的。

無論是價值數十億美元的企業、小型的鄉鎮商家或者好奇的個人在尋找答案，如果我們不能停下來，先思考什麼是蒐集數據的最佳辦法，我們將承擔巨大的後果。

我們經常傾向於相信，擁有越多的資訊可以得到更好、更加客製化的結果（多樣性和資訊蒐集本能的危險結合）。但是，數據蒐集的本能可能會導致我們走上一條危險的道路，因為我們必須密切追蹤即時數據，尤其是當這些數據與人們有關時，數據線索曾經非常有益於我們認識並維護自己在遠古部落中的地位：是誰在附近徘徊？他們在做什麼？誰是領袖？誰在提供資源？其他人重視哪些資源？諸如此類，蒐集這類資訊有助於我們填補可能錯過的任何訊號。但是，當我們將這些直覺應用於數據量急劇增加的數位世界時，例如我們每天、每個小時甚至每一分鐘都在評估自己於「部落」中的表現，便很容易迷失在各種雜訊當中，錯過了更廣闊的風景。為了彌補這種狀況，大腦引導我們藉由篩選工具來「簡化」這些數據，並堅持單一的信念，從而創造出一個明確的故事來遵循。

糟糕的數據分析

如果我們設法蒐集有意義的數據，卻沒有事先透過任何一種眼光對其進行過濾，我們仍然可能無法在所有資料中找到長遠的意義。正確的數據分析始終令我們望塵莫及，因為我們的大腦總是急於直接得出結論。對於祖先來說，那些能夠快速解讀資訊的人可以成功地贏得生存權和繁殖機會，例如，我應該遠離在黑夜裡閃閃發亮的眼睛，因為牠們通常是危險的掠食者。

在接受《華盛頓郵報》採訪時，南安普敦大學（University of Southampton）的社會統計學家保羅・史密斯（Paul Smith）教授講述了關於我們需要用數據講故事的需求：「我們是靈長類動物，從前在森林中採摘果實，並在適當的情況下進行繁殖，由於選擇很簡單且沒有複雜情形會發生，因此這種迅速得出結論的方法是一個不錯的策略；但是，在重大社會政策選擇的層面上，『驟下結論』是一個嚴重的問題。」

當涉及到更複雜的現代世界，環境充斥著各種外在因素，我們可以（而且應該）藉此描繪出一個更準確的故事。弗雷斯特研究公司（Forrester Research）二〇一八年發布的一份報告，完美地總結了我們與數據的災難性關係：「我們淹沒在數據之中，卻渴望獲得洞察力。」我們渴望發現模式，但是很少有人是訓練有素的統計學家，我們越感到不知所措，便爭先恐後地想釐清所有的事情，長久下來對我們造成了傷害。

舉例來說，人類天生會混淆因果關係，為了理解兩個變數的關係，我們用虛假因果關係將它們湊在一起，我們測量數據的方法越精細，就會出現更多的模式，即使這些模式只是偶然出現的。

哈佛大學法學院的學生泰勒・維根（Tyler Vigen）對這種現象進行了幽默的解釋，他使用大型的公共數據庫指出了一些荒謬的隨機關聯性，例如，誰會知道緬因州的離婚率與人造奶油的每人消費量有百分之九十九相關，這足以使緬因州的任何已婚居民都考慮改用天然奶油！

在另一個範例中，維根發現，拱廊商店街產生的總收入與美國授予電腦科學博士學位的數量之間有百分之九十九的相關性，所以很容易得出這樣的結論：商店街肯定影響年輕人接受高度相關領域的高等教育，很顯然地，這是資訊搜索直覺在誤導我們。

即使是最聰明的科學家、醫生和研究人員也會陷入虛假的相關性。請回想上一次你去找內科醫生進行身體檢查的時候，你可能聽說過高密度脂蛋白（HDL）或「好膽固醇」和低密度脂蛋白（LDL）或「壞膽固醇」，由於高密度脂蛋白可能降低心臟病發病率，因此似乎可以合理地認為增加高密度脂蛋白膽固醇的藥物會產生正面的結果；但是，在美國國家心肺血液研究機構（National Heart, Lung, and Blood Institute）所進行的一項臨床試驗中，研究人員一開始給予菸鹼酸來提高患者的高密度脂蛋白，後來發現根本無法降低這些受試者心臟病發作的風險，於是不得不提早結束實驗；事實證明，高密度脂蛋白僅僅是心臟健康的副產品，而不是心臟健康的原因。

這些正是我們所有人都必須注意的謬論，如果沒有小心謹慎的解釋，我們很容易陷入垃圾數據的陷阱，誤用數據驅動的「解決方案」，而這些只會加深虛假的敘述。畢竟，緬因州的已婚居民都不需要靠奶油來解救！

糟糕的數據應用

在數據應用方面，我們需要從一開始就處於主導地位，因為如果我們不清楚目的，或是不清楚打算如何應用所蒐集到的數據，那麼很有可能成為數據蒐集本能的受害者，即使會因為多巴胺的增加而獲得獎勵，但是無法從我們的努力中學習或成長。正如路易斯・卡羅（Lewis Carroll）[3]巧妙地指出：「如果你不知道要去哪裡，那麼每條路都會帶你到達目的地。」

我們的數據本能，最明顯的失誤就是在二〇一九冠狀病毒大流行期間的口罩爭議，這次的疫情引發了一個特殊挑戰，因為它喚起了我們對歸屬感和恐懼他人的本能。在不良數據蒐集的經典範例中，有一個「部落」秉持著暗指口罩不是必要預防措施的訊息來源，而忽略戴口罩在阻止病毒傳播中有重要作用的科學數據，這個族群有時甚至宣稱口罩對人體健康有害，在沒有適當因果關係數據的情況下進行虛假的聯結。同時，另一個「部落」堅持所有人都必須戴著口罩才能減緩感染的高峰期。

我們沒有自初期明確定義蒐集和解釋口罩佩戴數據的目的（可能是最後所有人都能獲得最佳的健康狀態），反而是讓直覺將我們帶到了議題的兩個不同立場。在我們可能有機會團結起來對抗共同的外部敵人（二〇一九冠狀病毒）的時候，我們的數據蒐集本能（不關心真相，但樂於蒐集資料）卻控制了局勢。

結合歸屬感（及懼怕對方）的本能，我們找到數據來合理化自己部落的信念，同時妖魔化另一個部落的信仰，從來沒有想過這兩個「部落」可以圍繞一個共同的目的團結統一。如果無法正確應用數據，就不會產生任何贏家，若一開始有一個明確定義的問題，可以防止我們迂迴於無法適當蒐集、解釋和應用數據的道路上。

任何需要知道答案的問題取決於每個組織和個人，但是，在蒐集第一筆數據之前，我們必須先弄清楚這個問題，也就是所謂的目的。我們的目的會啟動問題，而問題又會推動數據。例如，如果我們的目的是為客戶服務，那麼我們要問的問題是：我們如何提供最好的客戶服務呢？我們不會事先決定一件事或另一件事將為客戶提供最好的服務，然後再專注於支持這個結論的數據。無論是經營數十億美元的公司、大家庭還是我們自己的日常生活，我們的目的都不能用數據來定義。

若完全由數據說話，很容易走到與我們價值觀不符的路徑，忽略沒有支持我們立場的良好數據，或者傾向於看重那些能夠支持自己論點的數據。但是，如果剛開始便確認好目的，我們就可以提出一些向任何數據開放的問題。網飛（Netflix）內容總監泰德・薩蘭多斯（Ted Sarandos）警告我們：「你必須非常謹慎，以防陷入數學難題，因為你最終將一遍又一遍地重複同樣的事情。」專注於企業使命和目標讓網飛不再嚴重依賴演算法，阻礙他們發揮更多創意，儘管網飛從超過一・八三億個訂閱使用者中獲得了龐大的數據量，與公司使命宣言（即提供「繁星般的多元服務」）相呼應的承諾，仍然是促使網飛不斷擺脫傳統模式的動力，力求提供新奇且以客戶為導向的內容，網飛始終專注於他們的使命和顯而易見的問題：我們如何提供繁星般的多元服務呢？答案可能會根據新數據而改變，但目標和問題不會改變。

實際上，網飛最近對其內容呈現方式進行了重大改革。以前網站上會自動播放預告片，但是到了二〇二〇年，該功能只成為一個選項。網飛發布一則推特文說：「我們已經獲取了清晰且明確的回饋，會員現在可以控制他們是否要自動播放前導預告……」網飛開始蒐集、分析和應用足以影響他們完成使命的重要數據，創造「繁星般的多元顧客服務」。

幾年前，我曾是一所寄宿學校的教職員工，那裡的員工努力應付數據蒐集的本能，也許與網飛的程度不相上下，我記得大家花費了許多時間在會議上辯論一些重要議題，例如是否提供更多大學課程、更改分級評量、給予多少回家作業等等，隨著教職員工和管理人員拋出數字和統計數據來證明自己的觀點，這種對話不可避免地變得更加激烈，為了解除這些不斷升高的衝突，我們必須時常提醒並重新檢視自己的核心宗旨。

為了使我們的決策同時具有效率和效果，請記得先確認一下學校宗旨：這些政策對我們的學生有幫助嗎？由此開始，只需要蒐集正確的數據來回答由目標驅動的問題。如果沒有明確的目的，我們的任何決定都可能導致任何方向，例如，如果我們的目的是賺更多的錢，或招募最多的學生，或讓最多的學生進入最好的學校，那麼我們很容易做出不同的選擇，但是，透過事先對我們的目標有一個清晰的藍圖，我們便可以決定哪些數據對於蒐集和分析出最佳結果非常重要；沒有這些最初的原則，我們的事業最終將會失敗，正如同特易購當時的處境，管理階層遺忘了為顧客服務的目的，甚至盲目地追蹤數據，即使這些資料偏離了公司的核心價值。

死期和錯失的快樂

無論是私人還是專業面，我們所有人都可以使蒐集數據的傾向保持在健康的水準，為此，我們心中必須時刻記得結局。

首先，思考我們想要如何應用所蒐集的數據，將迫使我們清楚地定義我們的目標，只有這樣，我們才能建立為實現該目的而需要蒐集和分析的數據。

因此，讓我們從適用於所有人的最終結局開始：你們即將死亡，這種現實的苦澀感覺如何呢？

具有諷刺意味的是，當我們被告知自己即將離開人世以後，每個人似乎才會開始持續專注於目標，然後自然地成為由目標而非數據驅動的生物。

因此，我送給你一種解決方法，即意識到自己快死了，我希望時間越短越好，這是我們所有人都會面臨的現實，何不以這樣的現實為前提開始生活，試著假設自己只剩下幾天可活。在這段時間裡，你會提醒自己其實是凡人，而且已經接到我們每個人都擔心的終極噩耗。

我第一次聽到死期的概念是在李卡多．塞姆勒（Ricardo Semler）[4]的TED演講中，李卡多．塞姆勒是非常成功的工業民主模型巴西塞氏企業（Semco Partners）的執行長，塞姆勒將這些日子稱為他的「臨終日」，在此期間，他假設自己在地球上只剩下有限的時間，因此盡其所能完成自己想做的事情。

在你即將去世的那幾天，請與家人共度時光，如果可行就去旅行，然後完成願望清單上的項目。畢竟，當大限已到而且得到了真正的診斷的時候，你很有可能會生病或感到虛弱，以至於無法處理你的願望清單，那麼為何不馬上安排時間完成？從平常忙碌的生活中抽空安排時間，從中跳脫，以確認真正重要的事情，否則，當你陷入窮忙時，你將失去生活的掌控權。現在立即花點時間來幫助自己規劃如何過著以目標為導向的生活。

我發現以下這些問題對我自己的規劃過程特別有用：

- 有什麼真正重要的事情是我必須實現的呢？
- 我希望自己和（或）我的公司如何留下深刻的印象呢？
- 我為誰服務呢？
- 我該如何讓這個世界變得更美好呢？
- 我該如何使自己、我的孩子們或父母、顧客以及八歲的我感到驕傲呢？

所謂的目標是需要你花費百分之九十的專注力和驅動力，你的目標會指出需要蒐集和分析的數據，以實現自己對卓越的定義。

追逐其他機會和線索感覺很誘人，每一個閃閃發亮的物體都有其自身的價值，但是首先要捫心自問，這個數據是否可以幫助你進一步實現目標，如果不是這樣，那麼請你將時間和重心放在最優先的事情，否則你會很快發現自己陷入了與你的偉大抱負可能無關的數據漩渦。

將注意力集中在可以支持和滿足你目標的數據之後，你可能會因擔心遺漏什麼而感到焦慮（也稱為錯失恐懼症）。我剛開始拓展事業的時候，便發現自己的錯失恐懼症特別嚴重。每一通電話、每一位想見面尋求免費諮詢的人、或者進行另一項不完全符合我使命的活動，這些都讓我覺得可能是很好的機會，我非常害怕錯過重要的數據（可能是推動目標實現的關鍵或線索），以至於最終屈服於我的數據蒐集本能，我一整天都在滿足他人的需求，而沒有完成為實現自己的目標而需要做的任何深度工作，我允許錯誤的數據牽著我的鼻子走，而沒有去追求有效的數據，只是累積了一團混亂。

想要體驗「錯失的快樂」（JOMO，joy of missimg out）的方法之一，就是將每天的每一分鐘列入行事曆中，舉凡安排會議、講電話、回覆電子郵件、吃點心、看電視、鍛煉身體、瀏覽社交媒體、睡覺、和寵物狗一起玩的時間，無論你打算在接下來的二十四小時內做什麼，連續七天重複這樣做，度過一個禮拜以後，你很快就會意識到，花在原定行程之外事情的時間會妨礙你完成任何一個既定安排的機會。每次渴望數據的本能誘使你用一天中的部份時間去尋找更多數據時，你將無法否認這股衝動會扼殺你替另一項活動分配的時間，對你的時間進行全面審核，可以幫助你將專注力集

中在需要蒐集的資訊上，而不會浪費數小時在電子郵件或社交媒體的貼文上，沉浸於蒐集資訊的多巴胺循環中

我無法為你定義目標或愉悅的事物，如果你的喜好是每天花五個小時瀏覽社群媒體，我完全沒有意見，只需要確保在一天的時間當中將這個喜好安排進去即可（而不是散步、與家人共度時光或其他通常能給我帶來歡樂的事項），並且有計劃地安排時間，以便你確實蒐集能夠為你效勞的數據，而不是屈從於導致你為數據賣命的直覺。

隨著目的和數據輸入的完善，我們的重點最終談論到了資訊解析方面，即使數據中暗示著某種關係或模式，也很容易令我們陷入「填補空白」的舊有模式。一項針對大學生的經典研究闡明，我們多麼渴望將數據解釋為有意義的，史密斯學院（Smith College）的弗里茨・海德（Fritz Heider）[5]和瑪麗安・齊美爾（Marianne Simmel）向三十四個學生展示了一個影片剪輯，其中三種形狀（兩個三角形和一個圓形）在螢幕上四處移動，而矩形始終保持靜止狀態，然後要求學生描述他們所看到的。除了一名學生外，其他所有學生都對所見所聞賦予了情感和意義，他們認為這些形狀分別象徵「擔心」、「無辜」或「被憤怒蒙蔽」，而不是在螢幕上隨機飄浮的形狀而已。

從混亂中創造規律使我們能夠對這個世界有所掌握，這是我們賦予生活意義的方式，但是，如果我們停止當一個敘事者，不再試圖將故事轉變為我們會「贏得」辯論的走向，可能會發生什麼事呢？相反地，如果我們對另一個人的觀點展現更多好奇心，而不是快速做出結論或判斷，又會怎麼樣呢？也許，如果我們願意採取堅定的態度，測試和蒐集有關另一個觀點的最佳數據，而不是將他人的詮釋當作不懷好意，我們可能會學著觀察並欣賞更多不一樣的生活。

透過控制蒐集數據的本能，我們的組織和個人生活將會蓬勃發展。請記住，無論多麼大量的訊息都無法滿足我們渴求的大腦，但是，正如我們在本書中探索的其他所有直覺一樣，我們每個人都有能力奪回對生物驅動力的控制權，將來死亡的時候也不會留下遺憾，這些知識可以幫助我們引導自己的直覺去蒐集生活中最快樂、最有用的數據。

本章重點摘要

- 發自內心去了解不會支持你論點的資訊。
- 再三確認你沒有掉入暗示因果關係的相關性謬誤。
- 簡言之，「真正的領導者不需要混雜的資訊。」
- 事先確認你的問題，以目標為導向，使它成為應用數據的決策依據。
- 重新找回錯失的快樂，以消除錯失恐懼症。
- 以臨終日的概念來做時間規劃。
- 保持好奇心並採取堅定的態度，不要認定與自己論點矛盾的數據只會構成負面的故事。

註釋

1 喬治・米勒（George Miller）是一名出生於一九二〇年的美國心理學家，他最著名的是對人類的短期記憶能力進行定量研究，並且於一九五六年發表論文《神奇的數字：7±2》，主張一般人所能記憶的數字落在五到九個的區間，奠定了他在認知心理學領域的地位。

2 漢娜・弗萊（Hannah Fry）是英國倫敦大學學院城市數學副教授，專長是運用數學模型來研究人類行為模式，曾與政府部門、警方、醫療保健分析師和超市合作；在TED上的演講累積數百萬人次觀看；著有《數學的戀愛應用題》、《打開演算法黑箱》等書。

3 路易斯・卡羅（Lewis Carroll）是查爾斯・路特維奇・道奇森（Charles Lutwidge Dodgson）的筆名，以兒童文學作品《愛麗絲夢遊仙境》與其續集《愛麗絲鏡中奇遇》而聞名於世。

4 李卡多・塞姆勒（Ricardo Semler）是巴西塞氏企業（Semco Partners）的執行長，替該企業在巴西惡劣的經濟環境下創造百分之六百的企業成長率，其特異獨行的領導作風更引起了全世界的廣泛關注。《時代》雜誌在一九九四年將他列為「全球一百位青年領袖人物」之一。

5 弗里茨・海德（Fritz Heider）是社會心理學歸因理論的奠基人物，他指出人的行為的原因可分為內部原因和外部原因，內部原因是指存在於行為者本身的因素，外部原因是指行為者周圍環境中的因素，他發現人們常把自己的成功歸因為內部因素，而把自己的失敗歸因為外部因素。

結語

成為無所畏懼的人

一位學生曾經問過他崇敬的禪宗大師：「日本人為什麼要製作如此精緻細膩的茶杯？它們太容易被摔破了。」大師回答：「並不是因為它們過於精緻，而是你不知道如何對待它們，你必須適應環境，不該要求環境反過來配合你。」——摘錄自《照亮世界的一個角落：鈴木俊隆的教誨》（*To Shine One Corner of the World: Moments with Shunryu Suzuki*），由一位禪宗老師的學生們所講述的故事，經由大衛・查德威克（David Chadwick）編著。

在許多方面，人類已經重新塑造了環境，以更加符合我們的需求（空調、汽車、商店）。然而，當我們所生活的現代世界像一個不斷在摧毀的無底洞，我們的大腦確實像精緻的茶杯，我們無法阻擋社會擁有更加先進的技術和文化進步，但是必須找到方法來更謹慎地處理我們賴以維生的脆弱大腦；如果缺少專注且刻意的干預，曾經替我們解決重大危機的直覺，將在現代生活中繼續破壞我們的生產力和幸福感，但這不是必然的結果，我們所有人都有能力干預和改變我們的直覺。

我父親一生的大多數時間都是一位牧師，雖然我不大記得在教堂堅硬長木椅上度過的時間，但我確實記得一個特別的禮拜佈道，爸爸拿著一瓶裝滿水的瓶子站在信眾面前，他打開瓶蓋後，開始劇烈地搖晃瓶子，把水濺得到處都是，我看得目瞪口呆，我記得當時心想教堂裡的事情從來不會這麼有趣。

然後我的父親詢問他的會眾，我認為這是一個看似簡單的問題：「為什麼水會灑出來？」當他站在最前面時，仍然搖晃著幾乎已經沒有水的空瓶，他自己回答水會灑出來是因為水原本在裡面，「什麼東西會從你身上跑出來？」他繼續說道，「當生活在動搖你時，什麼東西會無可避免地被召喚出來呢？」

對我們大多數人來說，我相信答案是直覺本能，它以恐懼、偏見、欺騙、故事和行為等各種形式呈現出來，即使我們本來不希望自己表現出來並採取行動。如果我們不花點時間（我們每個人都有）開始介入自己的直覺，那麼我們就不會成為一個本應擔當的完全有認知且有能力者。

大腦生來是為了確保我們的安全，數十萬年以來一直如此，然而時至今日，它們阻止了我們充分地享受生活，如果沒有適時修正，我們往往無法做出具有認知的選擇，而僅僅是盲目地遵循已經為我們建立的快速捷徑，我們不應該只受到直覺的牽引，每個人都值得創造一個更好的故事，我們可以開始借重本書中提供的干擾方法，這些方法將幫助我們所有人感到恐懼（或無所畏懼）。

你會注意到我將「無所畏懼」放在括號中，這是因為我認為無所畏懼不一定是一個良好的策略，因為不會害怕而直接走到公車的正前方，無論從任何角度切入都是一個不好的選擇。但是，主動且有知覺地決定什麼值得你恐懼，這才是真正的力量，代表你超越了潛意識的本能，進入了超意識的存在狀態。

隨著我們面對不斷變化的世界，超越潛意識的直覺將變得更加重要。在撰寫本文時，到了二〇二〇年的秋天，二〇一九冠狀病毒大流行迫使許多企業和機構關閉，許多個體被隔離，而那些幸運地保住工作的人們找到了在家中工作的創意作法，同時又得以承擔個人責任。我們原始的生存指令正在竭盡全力，透過突襲超市和囤積衛生紙，以及每天二十四小時觀看新聞以蒐集更多最終可能無用的訊息，試圖保護我們的「部落」。現在，我們比以往任何時候都更需要運用理智的大腦來維持家庭和組織的安全與繁榮。

我們所做出的決策都可能影響每個人的生活，包括我們的團隊、家人以及整個社區。即使在最美好的日子，承擔這種責任已然是一項艱鉅的任務，但是，當我們的生活受到嚴重破壞時，負擔會變得更加沉重，例如由二〇一九冠狀病毒造成的破壞。現在，我們比以往任何時期都需要找到方法停下來思考，然後有效地、負責任地和富有同情心地採取行動，同時避免直覺引導我們進入行為的陷阱，我們需要確實了解所有風險，不能立即做出驚慌、出於直覺、充滿恐懼的反應。

在這場史無前例的危機中，以下是我見過不知所措的人們陷入直覺導向後，可能出現的三種行為陷阱，以及可以避免同樣錯誤的方法：

恐懼反應一：短期解決方案

在壓力倍增的時期，我們自然會限制可能考慮的選擇，不會張大眼睛檢視所有的可能性，而是有限制地看待選擇，並且遵循我們知道的規則，或者至少是我們認為自己了解的規則，這是人類的天性。

實際上，當我們最需要大腦時，大腦會遭遇科學實證的認知障礙（例如記憶力受損、創造力受損、決策受損），這是「拯救我們」的自然機制，它可以減少大腦思考時所消耗的大量能量，取而代之的是，生物機制使我們轉而完全依靠本能，正如你現在已經理解的，我們的直覺傳達了很明確的訊息：「現在生存是唯一優先，其他什麼都不重要。」

與其立即解決一個短期性問題，不如採取一種更可怕（更無畏）的對策，那就是改變觀察的角度並且著眼於長期。詢問：「這個問題在十二個月後會變成什麼樣子？」在不確定的環境中解決眼前的問題可能意味著明天將出現一個全新的問題，或者你「解決」的問題實際上根本不是問題，透過改變敘述觀點並保持長遠的眼光，你可以確保無論情況如何發展自己都能有所準備，而不是接受較無彈性的短期解決方案。

恐懼反應二：自我防衛

對不確定性的另一種本能反應是讓自己重新成為專家和權威人物。毫無疑問地，我們都喜歡清晰的資訊和指導，但是，當我們面對前所未有的情況，其中一些基本問題（比如這個危機將持續多久呢？）都無法回答時，假裝我們擁有答案將導致更悲慘的後果，因為事實上我們根本不具備任何足夠的配備或知識；最重要的是，我們不僅需要向家人和團隊成員展現企圖，反而更應該要表現脆弱的一面，你可以坦承不知道所有答案，實際上，願意承認這一點通常正是人們需要聽到的，它表現出同理心，同時可以讓你展現動盪時期所需冷靜且穩定的情緒。

在表達疑問或不確定性的時候，我們通常可以發揮強大的領導作用，最偉大的領袖都是如此，危機時期確實更加需要謙卑的態度，與其因傳遞可能不准確的資訊而失去信任，不如從非專家的弱勢地位來貼近問題，這表示你更有可能尋找到可靠的訊息來源；自信的領導者需要對我們知道和不知道的事情進行分類，並將其提煉成清楚且準確的溝通資訊。

正如我在前面章節中提到，我的朋友兼導師亞提．伊薩克在電腦螢幕上貼著一張便條紙，確保自己每天都可以看到它，便箋上寫著：「我是機長，現在要開始說話。」不時提醒著亞提，與他的朋友、同事和家人說話時，必須展現出清楚且平靜的聲音。

你可能曾經有搭乘飛機遭遇亂流的不愉快經驗，對於那些可能錯過類似經驗的人，請想像一下你完全不想乘坐的空中雲霄飛車，在顛簸的旅程中，你應該不可能從廣播喇叭中聽到機長的聲音大喊：「啊——，我不知道發生了什麼事情！實在太可怕了！」那真是太恐怖了。她可能也不會說：「我完全知道這裡發生了什麼，我是故意這樣做的，好好享受旅程吧！這樣的宣告簡直更加驚悚。

相反地，她平靜地宣布：「這是你的機長正在講話」，並且用清晰且鎮定的聲調說：（1）她所知道的（「目前我們正在通過一些亂流」）；（2）她不知道的事（「目前尚不清楚我們何時會擺脫這波擾亂的氣流」）；以及（3）她正在採取行動以獲取答案並解決問題（「我們已經與空中交通管制部門聯繫，試圖盡快為我們找到更穩定的氣流，如果有更多訊息，我們會通知你們」）。

我們都想成為專家，也希望減輕團隊成員的擔憂，尤其是減輕我們所愛之人的煩惱。但是有時候，我們可以做到最友善的事情就是清楚地表達內心想法，我們只要願意互相溝通未知的事物，就會建立起更多的信任，周圍的每個人也會更加容易度過這個動蕩的時代。

恐懼反應三：隱匿

不確定性會使我們的行動癱瘓，在充滿壓力的時期，當我們覺得自己的認知不夠清楚時，我們會本能地退縮或按兵不動。我們感到混亂時不會想要面對其他人，而是全面地減少或終止對外溝通，直到自己能夠清楚掌握情況為止。想想看這樣對於那些向你尋求答案的人可能有多麼不利。

模棱兩可的情況完全不需要這種恐懼的反應。作為員工和家人的領導者，我們必須與他們溝通，並且比平日要更常露面，對他們而言，比起不曉得發生了什麼事，令人更沮喪的事情就是感覺你正在避開他們，儘管我們傳達的資訊可能無法幫助解決問題，但是在不明朗的情況下，可以透過對談來減輕他們被遺忘或遺棄的感覺。

想像一下，如果在搖晃的飛機上，你根本沒有聽到機長的廣播，你可能會認為問題非常嚴重，並且會更容易深陷於徒勞的行為，無視問題只會使我們周圍的人眼中充滿更多憂心，飛行員傳遞的溝通訊息可能無法使我們更快或更平穩地抵達目的地，但是讓我們知道所有人都團結一致時會感覺好一點。我們的社群團體不需要立即獲得所有答案或解決方案，但是需要大家經常彼此溝通以協助平息自己的恐懼。

責備或指責別人無法有效地做出反應，這也是徒勞的。當然，每當我們的環境發生重大變革，我們都會產生至少其中一部份的恐懼反應，但是，我們可以選擇有知覺地做得更好，試著抵制我們的生物學缺陷。充滿恐懼的時代需要無所畏懼的領導者，無論我們遇到怎麼樣動蕩的時代，你都有能力超越自己的直覺，成為團體和家庭需要的領導者。

我最喜歡引用查爾斯・達爾文（Charles Darwin）的一段話，他認為「能夠生存下來的不是最強壯或者最聰明的物種，而是適應力最強的物種。」這句話令人滿懷希望，希望我們也擁有改變和成長的資格或能力。

在人類的演化歷史中發生了一些極為罕見的現象：我們設法使自己擺脫了自然選擇的日常壓力，不再需要每天為了生存而戰，由此看來，人類已經達到了前所未有的自由程度，在動物界中絕對是獨一無二的。

我們可以隨著時間重塑和重整大腦，使自己脫離自然選擇的這個事實，意味著我們已經掌握了不可思議的力量和權利，我們選擇如何運用這股力量完全取決於自己，當你戰勝直覺並奪回控制權時，你想要完成什麼事情呢？

致謝

我由衷地感謝所有的機會和所有幫助我將這本書推向全世界的人們。

首先，感謝我的原生家庭

我的媽媽是我的第一位老師、編輯和啦啦隊長，感謝您花了無數個晚上指導和演唱表演歌曲，並且無條件地愛我。

我的爸爸教會我要熱愛大自然以及寫作和夢想，謝謝您愛我的不完美且沒有一絲勉強。

我的姐姐多年來一直將聚光燈留給我，並且成為讓我展翅高飛的風，謝謝您支持我跨越一切。

對於大衛，你的音樂陪伴了我好幾個寫作的晚上，我欣賞你勇敢而不顧後果地拋棄了所有擁有的一切，感謝你向我展示了藝術無處不在。

感謝華倫（Warren）的溫暖和對所有人的關懷。

感謝潘妮（Penny）的熱情和鼓舞，並且始終是我的後盾。

感謝雪洛，即使我們相距遙遠，也能維持家人的緊密聯繫。

感謝大衛和蘿拉（Laura），因為你們堅定的慷慨大方、開闊心胸並致力於對抗更大的共同敵人（第一型糖尿病，T1D）。

感謝克雷格（Craig）和艾莉（Elly），儘管我的烏鴉實驗在你們的冰箱上進行，也能維持我的健康、飽足感和精力充沛。

感謝歐瑪（Oma）讓我稱呼您為歐瑪，藉由視訊雞尾酒會，妳從很久以前就賦予了婦女權力（並成為一名能掌控自己命運的婦女）。

感謝戈瑪．桑迪（G'ma Sandy）的倡導、力量和關懷。

感謝萊克絲（Lexi）、卡姆（Cam）、達拉斯（Dallas）、克莉絲蒂（Kristi）的捧腹大笑，並且給予我下一代的希望。

感謝我的堂兄弟姊妹，莫莉和伊森（Mlly and Ethan）、亞歷克斯和梅莉莎（Alex and Melissa）、納森（Nathan）、科里（Corey）和他們的孩子（瑪蒂達和海耶斯〔Matilda and Hayes〕），他們是我最好的玩伴、牌友和知心好友。

對於親愛的祖父母，我每天都想念你們。

感謝金（Kim）的眼神和笑聲，仍然每天圍繞在我的世界中。

其次，感謝我的新生家庭

德莫特（Dermot），你是我一生的愛，感謝你的冷靜、耐心和長久的支持，你展現出你所珍視的勇氣、智慧和正直。我會一直愛著你。（Tá grá agam duit i gcónaí）

感謝康納（Connor）和傑克（Jack）在辯論、討論、吃晚餐的時候，讓你們的爸爸保持理智（大部分情況下），很榮幸可以出現在你們的生活中。

安（Ann）和伊恩（Ian），感謝你們接納我，並且時常提醒我放緩步調，欣賞一場精彩的現場音樂會。

珍妮（Jenny），我的摯愛，感謝妳的經驗法則、音樂、火、眼淚、嚴密監控、天花板、唱歌、燕麥粥的早晨和葡萄酒的夜晚。我與妳的生活是一首持續創作的詩，也是我永遠不想讀完的一首詩。（噢，感謝妳進行了無數次的初稿編輯！）

尚恩（Shane）和伊蓮恩（Allaine），再三感謝你們。伊蓮恩，當我長大後，我渴望擁有妳的幽默感、對生活的熱情和隨和的友善。尚恩，你比自己了解的還要優秀，而且始終如一，保持嬉皮的氛圍。

帕蒂（Patti）和斯圖爾特（Stuart），謝謝你們在我無處可去的時候收留了我。為了使我融入，讓我重新站起來，努力使我重新振作，並且喜愛我這個任性的陌生人。

艾琳（Eileen）和維琪（Vicki），謝謝妳們教導我閱讀和寫作，讓我懂得去愛，妳們兩個啟發了我，不僅止於二年級或三年級的時候。謝謝妳們一直相信我。

對於我以前教過的所有學生：你們給我的啟發遠遠超過了我能傳授的事物，能夠成為你們的老師一直是我一生中的一項重大榮耀。

最後，感謝直接投入無數時間使這本書成形的人們

露辛達・哈爾彭（Lucinda Halpern），非常感謝妳對我和本書的支持。露辛達文學的整個團隊（尤其是康納・艾克〔Connor Eck〕），謝謝你們給予這個陌生的孩子一次機會，我永遠感激你們。

關於麗莎・斯威汀罕（Lisa Sweetingham）令人難以置信的編輯諮詢，我仍然不曉得妳是如何做到的，但是妳找到了某種方法進入我的大腦，並以我的腦袋做不到的方式將這些想法付諸於文字。感謝妳幫助我的聲音轉換為更加強大的力量，這些是我無法獨自完成的。

關鍵書籍（Book Highlight）的權威和專家，特別是麥特・米勒（Mat Miller）和彼得・諾克斯（Peter Knox）負責帶領我，幫助這本書吸引到合適的讀者，你們無論白天或黑夜的隨時關注使我覺得自己是你們的唯一客戶，感謝每個星期五的來電總是很開心！

最後且也很重要的是，感謝丹尼斯・西爾韋斯特羅（Denise Silvestro）和肯辛頓書籍出版（Kensington Books）的整個團隊提升了這位非專家的初學者，並且慷慨地為我介紹了出版過程，這是真正的特權。對於製作編輯亞瑟・麥瑟爾（Arthur Maisel）、校對編輯蘇珊・希金斯（Susan Higgins）和設計師雷切爾・瑞斯（Rachel Reiss），感謝你們對細節的全神貫注，使本書的詮釋更有意義。也要感謝藝術總監克莉絲汀・諾布爾（Kristine Noble）投入到封面設計，讓書籍外觀更加潮流（而且和我這個最頑固的評論家共事！）。非常感謝行銷總監安・普賴爾（Ann Pryor）協助本書順利地到達所有讀者手中。

BI7131
超越本能：
生物學家教你擺脫本能限制，打造符合現代社會需要的身心機制，提高效率，精準決策
***Instinct:** Rewire Your Brain with Science-Backed Solutions to Increase Productivity and Achieve Success*

作　　者／蕾貝卡．海斯（Rebecca Heiss）　　企劃選書．責任編輯／韋孟岑
譯　　者／連婉婷

版　　權／黃淑敏、吳亭儀、邱珮芸、江欣瑜
行銷業務／黃崇華、張媖茜
總 編 輯／何宜珍
總 經 理／彭之琬
發 行 人／何飛鵬
法律顧問／元禾法律事務所 王子文律師
出　　版／商周出版
臺北市 104 中山區民生東路二段 141 號 9 樓
電話：(02) 2500-7008　傳真：(02) 2500-7759
E-mail：bwp.service@cite.com.tw
Blog：http://bwp25007008.pixnet.net./blog
發　　行／英屬蓋曼群島商家庭傳媒股份有限公司城邦分公司
臺北市 104 中山區民生東路二段 141 號 2 樓
書虫客服專線：(02)2500-7718、(02) 2500-7719
服務時間：週一至週五上午 09:30-12:00；下午 13:30-17:00
24 小時傳真專線：(02) 2500-1990；(02) 2500-1991
劃撥帳號：19863813　戶名：書虫股份有限公司
讀者服務信箱：service@readingclub.com.tw
城邦讀書花園：www.cite.com.tw
香港發行所／城邦（香港）出版集團有限公司
香港灣仔駱克道 193 號超商業中心 1 樓
電話：(852) 25086231 傳真：(852) 25789337
E-mailL：hkcite@biznetvigator.com
馬新發行所／城邦（馬新）出版集團【Cité (M) Sdn. Bhd】
41, Jalan Radin Anum, Bandar Baru Sri Petaling,
57000 Kuala Lumpur, Malaysia.
電話：(603)90578822　傳真：(603)90576622
E-mail：cite@cite.com.my

封面設計／萬勝安
內頁排版／菩薩蠻數位文化有限公司
印　　刷／卡樂彩色製版印刷有限公司
經 銷 商／聯合發行股份有限公司　電話：(02)2917-8022　傳真：(02)2911-0053

■ 2021 年（民 110）10 月 05 日初版
定　　價 390 元

Printed in Taiwan

ISBN 978-626-7012-87-1

城邦讀書花園
www.cite.com.tw

國家圖書館出版品預行編目 (CIP) 資料
超越本能：生物學家教你擺脫本能限制,打造符合現代社會需要的身心機制，提高效率，精準決策/蕾貝卡.海斯(Rebecca Heiss)著；連婉婷譯. -- 初版. -- 臺北市：商周出版：c英屬蓋曼群島商家庭傳媒股份有限公司城邦分公司發行, 民110.10
304面；14.8×21公分
譯自：Instinct : rewire your brain with science-backed solutions to increase productivity and achieve success
ISBN 978-626-7012-87-1(平裝)
1.行為科學 2.成功法
177.2　　110014536

商周出版

廣　告　回　函
北區郵政管理登記證
北臺字第000791號
郵資已付，免貼郵票

104　台北市民生東路二段141號2樓

英屬蓋曼群島商家庭傳媒股份有限公司城邦分公司　收

請沿虛線對摺，謝謝！

商周出版

書號：BI7131　　書名：超越本能　　編碼：

請於此處用膠水黏貼

商周出版

讀者回函卡

線上版讀者回函卡

感謝您購買我們出版的書籍！請費心填寫此回函卡，我們將不定期寄上城邦集團最新的出版訊息。

姓名：＿＿＿＿＿＿＿＿＿＿＿＿＿＿＿＿ 性別：□男 □女

生日：西元＿＿＿＿＿年＿＿＿＿＿月＿＿＿＿＿日

地址：＿＿＿＿＿＿＿＿＿＿＿＿＿＿＿＿＿＿＿＿

聯絡電話：＿＿＿＿＿＿＿＿＿＿ 傳真：＿＿＿＿＿＿＿＿＿＿

E-mail ：

學歷：□ 1. 小學 □ 2. 國中 □ 3. 高中 □ 4. 大學 □ 5. 研究所以上

職業：□ 1. 學生 □ 2. 軍公教 □ 3. 服務 □ 4. 金融 □ 5. 製造 □ 6. 資訊

□ 7. 傳播 □ 8. 自由業 □ 9. 農漁牧 □ 10. 家管 □ 11. 退休

□ 12. 其他＿＿＿＿＿＿＿＿＿＿＿＿＿＿＿＿

您從何種方式得知本書消息？

□ 1. 書店 □ 2. 網路 □ 3. 報紙 □ 4. 雜誌 □ 5. 廣播 □ 6. 電視

□ 7. 親友推薦 □ 8. 其他＿＿＿＿＿＿＿＿＿＿＿＿

您通常以何種方式購書？

□ 1. 書店 □ 2. 網路 □ 3. 傳真訂購 □ 4. 郵局劃撥 □ 5. 其他＿＿＿＿

您喜歡閱讀那些類別的書籍？

□ 1. 財經商業 □ 2. 自然科學 □ 3. 歷史 □ 4. 法律 □ 5. 文學

□ 6. 休閒旅遊 □ 7. 小說 □ 8. 人物傳記 □ 9. 生活、勵志 □ 10. 其他

對我們的建議：＿＿＿＿＿＿＿＿＿＿＿＿＿＿＿＿＿＿＿＿

＿＿＿＿＿＿＿＿＿＿＿＿＿＿＿＿＿＿＿＿

＿＿＿＿＿＿＿＿＿＿＿＿＿＿＿＿＿＿＿＿

請於此處用膠水黏貼

Idea man

Idea man

Idea man

Idea man